本书为山东省社会科学规划研究项目"当代法国前沿文论的精神分析转向路径研究（22CWWJ05)"的阶段性成果

九州文库

主体与互文
克里斯蒂娃思想研究

焦宏丽 — 著

九州出版社
JIUZHOUPRESS

图书在版编目（CIP）数据

主体与互文：克里斯蒂娃思想研究／焦宏丽著．－－
北京：九州出版社，2022.8

ISBN 978-7-5225-1140-5

Ⅰ.①主… Ⅱ.①焦… Ⅲ.①克里斯蒂娃—哲学思想
—研究 Ⅳ.①B565.6

中国版本图书馆 CIP 数据核字（2022）第 157544 号

主体与互文：克里斯蒂娃思想研究

作　　者	焦宏丽　著
责任编辑	黄明佳
出版发行	九州出版社
地　　址	北京市西城区阜外大街甲 35 号（100037）
发行电话	（010）68992190/3/5/6
网　　址	www．jiuzhoupress.com
印　　刷	唐山才智印刷有限公司
开　　本	710 毫米×1000 毫米　16 开
印　　张	13.5
字　　数	180 千字
版　　次	2023 年 1 月第 1 版
印　　次	2023 年 1 月第 1 次印刷
书　　号	ISBN 978-7-5225-1140-5
定　　价	89.00 元

前　言

朱莉娅·克里斯蒂娃（Julia Kristeva，1941—）是当今时代最具开创性的思想家之一。她的学术影响力是"世界性的、前沿的、多领域的和持续性的"。从学科门类上看，克里斯蒂娃的思想涵盖了语言符号学、精神分析学和文化批判领域，其核心是"主体与互文"，其应用是"新人文主义"。"主体"与"互文"具有理论互渗的关系：互文性是具有主体维度的互文性；主体是关注符号态的精神分析学主体，而且主要是女性主体。抛开其中一个维度，都无法理解克里斯蒂娃在另一维度的贡献。从这个角度看，目前国内外鲜有抓住克里斯蒂娃的理论全貌，关注其理论整体性的研究。因此，本书尝试以"主体与互文"为切入点，对克里斯蒂娃的理论加以整体性探究，以期为国内克里斯蒂娃理论的研究提供更多的角度与更积极的启发。

本书包括绪论、正文四章以及结语几部分。绪论部分，首先大致梳理了克里斯蒂娃的学术生涯，并对国内外克里斯蒂娃理论研究的现状进行综述；其次涉及本书选题的意义与价值、本书的研究路径、创新之处等。最后指出本书与现有相关研究的区别在于尝试经由"主体与互文"这对具有理论互渗关系的概念，勾勒出克里斯蒂娃理论的整体性。

第一章聚焦克里斯蒂娃的语言符号学。克里斯蒂娃的语言学主要贡献在于突破了欧美语言学的语音中心主义的线性逻辑，超越了"文本"世界，重建了比"文本"世界更为广阔的互文世界。首先体现在语言学方面，克里斯蒂娃受到东方语言学理论的启发，看到在象征秩序之外也有"文"的秩序，比如"肢体动作"的"文"，就不能放到结构主义的"文本"中加以考察；其次体现在符号学方面，受东方语言学的启发，以及巴赫金话语理论的引导，克里斯蒂娃建立了自己的符号学体系——"复量符号学"，进而弥补了结构主义理论对主体维度的忽视。由此，克里斯蒂娃的语言符号学中，可以提炼出"互文性"这一关键概念，这一概念也是克里斯蒂娃最广为流传，被人误解最深的概念。如果忽略克里斯蒂娃的"肢体动作""徽标"的语言学概念，以及"复量符号学""0-2"的符号学分析，那就不能看到互文性概念背后的理论体系（尤其是主体维度），甚至将互文性概念错误解读为"影响的焦虑"。克里斯蒂娃的理论是建立在"互文性"基础上的一个完整的体系。而且，这个"互文性"内涵了精神分析学的主体维度，而非仅仅关注"文本世界"。

　　第二章重点关注克里斯蒂娃的精神分析学。"主体"生成的过程也是符号生成的过程。首先，克里斯蒂娃的精神分析学显然是拉康派的，但不同于拉康关注的"俄狄浦斯阶段"后诞生的主体概念，克里斯蒂娃的"主体"概念兼容了"前俄狄浦斯阶段"。随着这一框架的搭建，她进一步区分了意指实践的两种模态："符号态"和"象征态"。其次，克里斯蒂娃的精神分析学，最突出的理论发明在于她的女性主体、"女性禀赋"概念。这种女性特质是可分享的，并非为女性所独有，这也为女性主义带来了新的活力。再次，克里斯蒂娃关注的重心在于自我内在的"陌异性"。从这种"陌生的自我"概念出发，她重建了新的人文主义方法。发现自我内在的陌异性，并领受这种命运的男女，就具有可分享的、普遍的"女性禀赋"。精神分析学拓宽了超出"文本世界"的"互文性"，使得其语言符号学具有了精神分析的维度。换句话说，克里斯蒂娃关注的"主体"，也是"互文性"的、符号态（而非象征态）的主体，其核心是女性主体及其可分享的特质：女性禀赋。

第三章从克里斯蒂娃的"主体与互文"的互渗思想体系，延伸到文化批判之中，从而展现了其理论的开放性活力。克里斯蒂娃的理论具有开放的人文主义特性，其体裁覆盖了小说、诗歌，领域涉及女性主义、神学、艺术、文化、政治等众多方面。首先，这种理论的开放性，一开始就在互文性概念中奠定了。因为互文性不仅仅考察文学行为，而且也讨论更为广泛的美学实践——电影、音乐、绘画、舞蹈等；其次，克里斯蒂娃的理论直接针对的是宗教保守主义复兴的危机。她通过圣母"玛利亚"的人文主义阐释，将宗教的标志扭转为艺术的理解。这种互文性解读，示范的是一种文化政治意义上的反抗，也是人文主义者的时代关怀；再次，克里斯蒂娃将陌异性的"贱斥"概念视为理论反抗的动力，这导致了其对文学和美术领域的重新阐释，揭示了文艺作品内含的陌异性维度，她的阐释具有人文主义反抗的意义。这种新人文主义的形成，也是克里斯蒂娃的语言符号学、精神分析学进入文化批判和艺术批评领域的自然结果。

第四章试图总结克里斯蒂娃理论的限度问题。克里斯蒂娃认为宗教原教旨主义的复兴是一种时代危机，因此在个体中被压抑的欲望必须得到安抚（而非否定），才能超越敌对性的禁忌框架，建立一种动态平衡的欲望框架。由于欲望的"非意义"部分，可以得到符号态的描述，从而不再被压抑，所以时代危机可以转向一种开放的新人文主义。然而，在这种政治哲学当中，克里斯蒂娃对"互文"的界定始终过于泛化，一方面是"互文"的符号态无所不在，另一方面是"主体"的"前俄狄浦斯阶段"无法标出起始时间。她的理论甚至无法区分动物性和人性的界限，而动物性的维度仍然会否定掉她试图建立的新人文主义的意义。因此，克里斯蒂娃的理论更适合讨论边际泛化的文艺领域，而非政治哲学。

结语部分总结出克里斯蒂娃的理论整体性是由"主体与互文"这对互渗性概念构成的，其文化批判的应用是"新人文主义"。

目 录
CONTENTS

绪 论

一、选题背景和意义

朱莉娅·克里斯蒂娃（Julia Kristeva）是一位享誉全球的法国思想家。她于 1941 年出生在保加利亚的首都索菲亚，1965 年末获得法国戴高乐政府提供的奖学金，赴巴黎攻读博士学位。《结构主义史》的作者弗朗索瓦·多斯（François Dosse）介绍克里斯蒂娃到达巴黎的那一章标题为"1966：奇迹之年 克里斯蒂娃来巴黎了！"，一句惊叹让我们不由地预测克里斯蒂娃对巴黎、对法国理论界，甚至对世界学术圈将要产生的巨大影响力。来到巴黎后的克里斯蒂娃加入了当时法国最负盛名的学术团体——"原样派"，并在《原样》（Tel Quel）杂志发表文章。"这本杂志对克里斯蒂瓦的影响是持久而深入的。"①克里斯蒂娃进入了法国的学术圈子，表现出了非凡的学术能力。1966—1967 年，在罗兰·巴特（Roland Barthes）的研讨班上，自来东欧的她向法国介绍巴赫金的对话理论，并以这一理论为基础创造性地提出了为她带来世界声誉的"互文性"理论。她的导师罗兰·巴特如是评价这位学生："克里斯蒂娃改变了事物

---

① ［斯洛文尼亚］波拉·祖藩茨·艾埃塞莫维茨：《符号与象征的辩证空间——朱莉娅·克里斯蒂娃美学思想简论》，金惠敏译，《南阳师范学院学报》2004 年第 4 期，第 1-6 页。

的位置：她总是摧毁最新的成见，我们认为能够相信并且引以为豪的成见；她转移的，是业已说过的，是所指的时位（insistance du signifié），是愚昧；她颠覆的，是权威，是独白科学的权威，是家系的权威。她的工作是全新而又准确的。"① 全新的"互文性"理论的推广更是离不开其导师巴特不遗余力的宣传和阐释。在撰写《通用大百科全书》"文本理论"词条时，巴特用宏大的篇幅介绍了"互文性"以及以此为基础的文本理论，为日后克里斯蒂娃的理论被世界学界所熟知与研究奠定了基础。另外，《原样》创刊人菲利普·索莱尔斯（Philippe Sollers）对精神分析学的强烈兴趣深深地影响了克里斯蒂娃，使后者也着手研究弗洛伊德精神分析学，还参加了著名的拉康的精神分析学研讨班。自此，克里斯蒂娃便真正开启了长达半个多世纪，时至今日仍然活跃的学术生涯。

　　本研究中，我们根据克里斯蒂娃每个时期的研究主题，将其学术生涯划分为三个阶段：20 世纪 60 年代中期到 70 年代初期的语言符号学阶段；70 年代中期到 90 年代末期的精神分析学阶段以及 21 世纪以来的文化批判阶段。其中的每一阶段都不乏代表性的作品。如《符号学：符义分析探索集》（1969）、《诗性语言的革命：十九世纪末的先锋 洛特雷阿蒙和马拉美》（1974）等作品为符号学的发展提供了创造性的视野，进一步厘清了符号学自身的性质、目的以及实践的可能性。1974 年，《中国妇女》（1974）一书问世之后，克里斯蒂娃便转向精神分析学研究。她在论文集《多元逻辑》（1977）中不断提及言说主体的问题。多种逻辑代表着理性的多元化，这是对西方理性危机的回应。1979 年，克里斯蒂娃正式成为了一名精神分析师。后来，她持续撰写了《反抗的意义和非意义》（1996）、《内心的反抗》（1997）、《恨与谅》（2005）精神分析三部曲，关注人类的心灵、内在的反抗等。同期，她写作了《灵魂的新疾病》

---

① Roland Barthes, "L'étrangère", La Quinzaine littéraire 94 (1970). Voir: Œuvres complètes 3 (2002): 477.

（1993）、《反抗的未来》（1998）等对文化分析、理论研究影响深远的作品。进入 21 世纪以来，克里斯蒂娃还创作了很多随笔、小说等，这些作品被翻译成多种语言在世界上很多国家出版。纵观其整个学术生涯，从最初的《符号学：符义分析探索集》，到新近出版的"影响我一生的作家"丛书中的《陀思妥耶夫斯基》（Dostoieuski，2020），克里斯蒂娃共创作了 40 多部学术专著及文学作品。

克里斯蒂娃被公认为"当代最伟大的法国思想家之一"[①]。如今，八十高龄的她仍然没有停止对学术的探索，不仅是巴黎第七大学的教授，罗兰·巴特中心的主任，还是世界上众多知名高校的客座教授。她的理论横跨哲学、语言学、符号学、精神分析、文化批判、文学创作学等多个领域，这些领域的阅历拓展了她研究的广度、深度和厚度，塑造了一个"不可能被定义的"[②]、独一无二的克里斯蒂娃。

克里斯蒂娃在学术界、文学界、文化评论界等所取得的成就离不开广泛的理论滋养，她拥有特殊的学术背景："东欧所接受的教育让克里斯蒂娃充分了解马克思理论，加上她精通俄语，这样，她便可以得到有关俄国形式主义的第一手资料，特别是巴赫金的理论著作。……另外，黑格尔哲学在她的理论背景中也占有重要地位。"[③] 她受益于索绪尔、黑格尔、马克思、巴赫金、弗洛伊德、乔姆斯基、拉康、罗兰·巴特、阿尔都塞等理论先驱，但这并不是说她的理论就缺乏创新，而是构建了一个属于自己的学术体系，并且善于把他人的学问都纳入其中。她不断地与同行交流，不断地伸出科学的触角探索他人的研究成果，汲取有益的养分以充实自己的理论见解。因此，她的理论富有新意、创造性和现实批判性。

---

① John Lechte. *Julia Kristeva*. London：Routledge，1990. p. 1.

② Julia Kristeva. *Impossible de me définir*. Le Soir，22 décembre 2016.

③ Toril Moi. *The Kristeva Reader*. Oxford：Basil Blackwell，1986. p. 2. See：Introduction.

在漫长的理论建构生涯中，克里斯蒂娃提出了很多原创性的概念，如"互文性""贱斥""符号态""象征态""女性禀赋"等，这些理论波及世界各国的文艺理论界，影响极为广泛。她的理论创造，值得我们高度重视。

二、文献综述

朱莉娅·克里斯蒂娃自 1966—1967 年在法国巴黎罗兰·巴特的研讨班上介绍巴赫金的对话理论，从此便在法国学术圈崭露头角，并渐渐引起各国学术界的广泛关注。她的理念的研究者遍布世界各地。

（一）国外研究综述

虽成名于法国，但实际上克里斯蒂娃的作品在法国批评界并没有受到足够的重视。"在法国，她的作品通常被当作参考工具，是有待讨论的概念的发生之所，或者为了加深对 1968 年法国文化运动的了解而对其自传体小说进行评述。但却忽略了其理论作为文学和理论边界的形式创新和叙述实验。"[1] 事实的确如此，我们并没有找到很多法国学者对克里蒂娃理论的研究成果，而即使是法语的也多是来自加拿大魁北克省，在法国出版的批评著述屈指可数。《在欲望和放弃之间：与朱莉娅·克里斯蒂娃等的对话集》[2] 是在法国出版的一部访谈录，而克里斯蒂娃只是四个对话者之一。相较于法国，克里斯蒂娃的作品在英语世界则呈现出了完全不同的状况，尤其是在美国，她的所有作品几乎都被翻译成英文出版，并且英译本的出版颇具时效性。当一种理论找到一个与之匹配的语境时才能得到更大的发展。对于克里斯蒂娃而言，无疑是美国的学术语境成

---

[1] Mélanie Gleize. *Julia Kristeva, au carrefour du littéraire et du théorique.* Paris: L'Harmattan, 2005. p. 18.

[2] Marie de Solenne. *Entre désir et renoncement: Dialogues avec Julia Kristeva*, Sylvie Germain, Robert Misraki, Dagpo Rimoché. Paris: Dervy, 1999.

就了她。除了著作的译介，英语世界还涌现出了大量研究克里斯蒂娃的著述。

通过研读分析英语的研究著作，我们不难发现，国外对克里斯蒂娃的理论研究虽然各有侧重，但主要集中在语言符号学、女性主义、精神分析等角度。最早的一些介绍性文章出现在某些论文集中，如在《性与文本政治：女性主义文学理论》① 一书中，把克里斯蒂娃奉为女权主义文学理论法国流派的代表人物，其中的《边际与颠覆：朱莉娅·克里斯蒂娃》一文从语言学（语言中的性别差异、语言中的性别歧视等）角度评述她的女性理论；《性别麻烦：女性主义与身份的颠覆》② 中《朱莉娅·克里斯蒂娃的身体政治》一文，指出克里斯蒂娃通过颠覆身体行为，构建了一个颠覆父系律法的女性场域，为女性主义吟唱了一首时代赞歌。《新法国女权主义》③ 译介了克里斯蒂娃的《无法界定的女人》，是较早地展现克里斯蒂娃理论原貌的一篇译文。

此外，克里斯蒂娃的研究专著层出不穷，如：《朱莉娅·克里斯蒂娃》④ 较为全面地介绍了理论家的思想成就；《克里斯蒂娃著述中的身体与文本——宗教、女性和精神分析》⑤，则梳理了其理论的关键概念，突出精神分析在克里斯蒂娃理论中的地位；《阅读克里斯蒂娃：揭开双重束

---

① ［挪］陶丽·莫依：《性与文本的政治——女权主义文学理论》，林建法、赵拓译，时代文艺出版社，1992。
② ［美］朱迪斯·巴特勒：《性别麻烦：女性主义与身份的颠覆》，上海三联书店，2009。
③ Elaine Marks, *New French Feminisms*：*An Anthology*. Amherst：University of Massachusetts Press，1979.
④ John Lechte. *Julia Kristeva*. London：Routledge，1990.
⑤ David R. Crownfield. *Body /Text in Julia Kristeva*：*Religion*，*women and psychoanalysis*. New York：State university of New York press，1992.

缚》① 和《克里斯蒂娃著述中的伦理、政治和差异》② 更多地从伦理政治的新角度展开对克里斯蒂娃的研究，考察了她对创造另一种伦理政治的贡献，并指出其理论对尝试构建后结构主义伦理学的帮助；《克里斯蒂娃读本》③ 和《克里斯蒂娃文集》④ 两部著作，翻译了克里斯蒂娃的部分论述并加以阐释，采用导读的方式降低了研读其理论的门槛，让更多读者可以更高效地阅读克里斯蒂娃，了解其关键概念。除此之外，著名的《朱莉娅·克里斯蒂娃访谈录》⑤ 汇集了 20 余篇克里斯蒂娃的访谈，内容涉及其思想的方方面面，全方位向读者展现了一个更加立体的克里斯蒂娃，同时为研究克里斯蒂娃的思想提供了更多元的视角和素材。

相关的研究著作不断增加，如《克里斯蒂娃：放逐与疏离的解读》⑥《贱斥、忧郁和爱：朱莉娅·克里斯蒂娃的作品》⑦《朱莉娅·克里斯蒂娃——言说不可言说》⑧ 和《反抗、影响、集体：克里斯蒂娃城邦的不稳定边界》⑨ 等，这些著作具有了时代面向，主要从精神分析的角度对克里斯蒂娃思想中的忧郁、反抗等概念进行阐释。

鉴于克里斯蒂娃学术研究的历史意义及目前的国际影响，2012 年美国成立了世界性的学术组织"克里斯蒂娃研究会"，支持开展克里斯蒂娃

① Kelly Oliver. *Reading Kristeva*：*Unraveling the Double-bind*. New York：Routledge，1993.

② Kelly Oliver. *Ethics*，*politics and difference in Julia Kristeva's writing*. New York：Routledge，1993.

③ Toril Moi（ed）. *The Kristeva Reader*. Oxford：Basil Blackwell，1986.

④ Kelly Oliver. *The Portable Kristeva*. New York：Columbia University Press，1997.

⑤ Ross Mitchell Guberman（ed.）. *Julia Kristeva in person*，*Julia Kristeva Interviews*. New York：Columbia University Press，1996.

⑥ Anna Smith. *Julia Kristeva*：*Readings of exile and estrangement*. New York：St. Martin's Press，1996.

⑦ Benjamin，John Fletcher. *Abjection*，*Melancholia and Love*：*The Works of Julia Kristeva*. New York：Routedge，1990.

⑧ Anna-Marie Smith. *Julia Kristeva*：*Speaking the unspeakable*. London：Pluto Press，1998.

⑨ Tina chanter，Ewa Plonowska Ziarek. *Revolt*，*Affect*，*Collectivity*：*The Unstable Boundaries of Kristeva's Polis*. New York：State University of New York Press，2005.

理论研究的相关项目。该组织的建立推进了克里斯蒂娃理论研究在全球的发展。当年,复旦大学祝克懿教授团队的成员参加了成立大会。2014年,研究会召开第二届年会,值得一提的是,这届年会还特别设立了"克里斯蒂娃在中国"专场。中国代表做了《克里斯蒂娃的中国之行》《中国官场话语的解析符号学分析》《克里斯蒂娃与中国书写——兼论中西"文"观念之比较》三场报告。报告人站在中国立场向世界学术界展示了克里斯蒂娃理论在中国的传播与发展状况,打开了"克里斯蒂娃——中国"的窗口,加深了中外学者在克里斯蒂娃研究方面的交流。

克里斯蒂娃的官网(http://www.kristeva.fr/)用法语、英语和汉语向全球读者展示了克里斯蒂娃本人的成果及学界对她的理论进行研究的最新动态,提供了研究克里斯蒂娃的重要素材,如作品介绍、演讲视频、访谈录像等。她的理论源流纵横、博大精深,同时又具有持久的生命力。

英语世界对克里斯蒂娃的关注始终没有停止过,就在2020年的8月,芝加哥的开放法庭出版社出版了克里斯蒂娃研究的集大成之作《朱莉娅·克里斯蒂娃的哲学》①。该成果是《在世哲学家文库》的第36卷。《在世哲学家文库》中的各卷在哲学领域占有独特而重要的地位。朱莉娅·克里斯蒂娃的入选,是对本已经很强大的思想家名单的重要补充。《朱莉娅·克里斯蒂娃的哲学》卷帙浩繁,共900余页,主体部分由来自全球十多个国家的克里斯蒂娃理论最重要的阐释者和评论家写的36篇文章组成。这些文章就其思想的11个主题(语言与符号学,文学理论,精神分析学,小说哲学,忧郁、爱,神圣、欲望,知识和信仰,反抗的理论,母性和母亲依恋,哲学和公共卫生,伦理与政治)展开研究,每组文章后附有克里斯蒂娃对这些文章作者的分别回复。这些交锋无论对研究者的研究还是克里斯蒂娃理论本身的发展都起到了重要的推进作用。

---

① Sara G. Beardsworth (ed.). *The philosophy of Julia Kristeva*. Chicago: Open Court Publishing Company, 2020.

该著作具有很强的国际性和多学科性，涵盖了哲学、符号学、文学、精神分析、女性主义思想、政治理论、艺术和宗教等领域，为进一步挖掘克里斯蒂娃的著作和思想提供了更宽阔的途径。

（二）国内研究综述

我们认为，要了解一种国外理论在中国的研究现状，首先要了解它在国内的译介历史及流布状况。理论引入之后，译介的热度和该理论的受关注程度是相辅相成的。克里斯蒂娃的思想自 20 世纪 80 年代起引入中国，至今热度不减，受到国内学界越来越多地关注。

其理论成果有的以单篇译文的形式散落在一些论文合集、研究书目或期刊中，如《人怎样对文学说话》①《女性的时间》②《波德莱尔——无限与芳香》③《过程中的主体》④《从同一到他者》⑤《中国：作为科学的书写》⑥《我记忆中的夸张》⑦《文学思想之思》⑧ 等。《词语、对话和小说》⑨ 是克里斯蒂娃的著名篇章，是在中国受到了最多关注的一篇，有共计三篇译文⑩发表在不同的期刊。另外，《符号学与文字学——与朱莉娅·克里斯特娃的会谈》⑪《加深与中国的对话——朱莉娅·克里斯特

---

① ［法］罗兰·巴尔特：《符号学原理——结构主义理论文选》，李幼蒸译，三联书店，1988。
② 张京媛：《当代女性主义文学批评》，北京大学出版社，1995。
③ ［法］朱莉娅·克丽斯蒂娃：《波德莱尔——无限与芳香》，秦海鹰译，《法国研究》，1992 年第 1 期，第 23-33 页。
④ 汪民安、陈永国等：《后现代性的哲学话语：从福柯到萨义德》，浙江人民出版社，2000。
⑤ 阎嘉：《文学理论精粹读本》，中国人民大学出版社，2006。
⑥ 罗婷：《克里斯特瓦的诗学研究》，中国社会科学出版社，2004。
⑦ 罗婷：《克里斯特瓦的诗学研究》，中国社会科学出版社，2004。
⑧ 白轻：《文字即垃圾——危机之后的文学》，重庆大学出版社，2015。
⑨ 周启超、王加兴：《欧美学者论巴赫金》，南京大学出版社，2014。
⑩ 注：这三篇译文为李万祥的《文化与诗学》（2011 年第 2 期）；张颖的《符号与传媒》（2011 年第 2 期）；祝克懿、宋姝锦的《当代修辞学》（2012 年第 4 期）。
⑪ ［法］雅克·德里达：《多重立场》，余碧平译，生活·读书·新知三联书店，2004。

瓦：我与中国》①《朱莉娅·克里斯蒂娃谈米哈伊尔·巴赫金》② 等几篇文章是对克里斯蒂娃的访谈，文章的题目已经展现了谈话的主题。上述这些文章涉及克里斯蒂娃关注的众多主题，很难将其分门别类，它们向中国读者展现了克里斯蒂娃研究的宽口径、多层次性。

相较于西方世界，国内对克里斯蒂娃著作的翻译起步较晚，直到 20 世纪 90 年代才出现她的译著，到目前为止，共出版了 10 部③克里斯蒂娃著作的译著④。《爱情传奇》是克里斯蒂娃"运用自己的符号结构理论研究人类性爱规律"的成果，中译本出版于 1992 年，该中译本是国内最早的一部，其余 9 本都是近二十年来的翻译研究成果，而且有 4 部的问世又集中在 2015 年、2016 年，即克里斯蒂娃 2012 年第四次访华之后。这些著作涵盖了克里斯蒂娃研究的符号学、精神分析学以及文化批判领域，国内读者借助这些译著，部分地解决了之前只读二手材料的窘境，并且能够更清晰地把握克里斯蒂娃的理论本体，更加深入而准确地进行相关研究。

以上虽只是对克里斯蒂娃理论的介绍与传播，但随着译文、译著数量的增加，其理论热度不断增加，预示着克里斯蒂娃在中国学界的影响力将不断扩大。

2009 年 11 月，复旦大学出版社出版了高宣扬主编的《法兰西思想评

---

① 钱林森：《和而不同——中法文化对话集》，南京大学出版社，2009。
② 周启超：《朱莉娅·克里斯蒂娃谈米合伊尔·巴赫金》，《马克思主义美学研究》，2013 年第 1 期，第 214-224，315 页。
③ 需要加以补充的是，克里斯蒂娃研究抑郁症和忧愁的精神分析作品《黑太阳》的中译本于 2008 年由台湾远流出版事业股份有限公司出版。
④ 注：《爱情传奇》（1992）、《恐怖的权力——论卑贱》（2001、2018）、《汉娜·阿伦特》（2006）、《反抗的未来》（2007）、《反抗的意义和非意义》（2009）、《中国妇女》（2010）、《独自一个女人》（2015）、《语言，这个未知的世界》（2015）、《符号学：符义分析探索集》（2015）、《诗性语言的革命》（2016），括号内为中译本出版时间。

论（第 4 卷）克里斯蒂娃专辑》①。高宣扬称克里斯蒂娃为"当代女性主义的典范"。《一个欧洲女人在中国》《性、谎言和真相》《一个女人》三篇关于女性主义思考的文章被选录在该专辑中。其余选入的为国内外学者对克里斯蒂娃女性主义理论的研究论文以及其他与该领域相关的文章。这成为 21 世纪第一个十年里相当重要的女性主义思想研究成果。

《克里斯蒂娃自选集》（2015）甄选了克里斯蒂娃《恨与谅》和《时间的冲动》两部文集中的 9 篇文章，译成汉语结集出版。这些文章内容涉及精神分析、心理学、美学、宗教艺术史等众多领域，为国内学界的研究提供了更多灵感来源。

2012 年，克里斯蒂娃接受了复旦大学的邀请，围绕"意义作为一种内在经验"议题，进行了四场主题学术讲座。这四次讲座的内容汇集成了《主体·互文·精神分析：克里斯蒂娃复旦大学演讲集》（2016），大致勾勒出了克里斯蒂娃"异质多声思想的概貌及其对中国学术研究产生深远影响的历史进程"②，让西方的思想理论扎根在中国学术的广袤土地上，以期绽放出更璀璨的学术之花。

除此之外，随着翻译的不断发展，研究克里斯蒂娃女性理论的文章《边际与颠覆：朱莉娅·克里斯蒂娃》③《朱莉娅·克里斯蒂娃的身体政治》④ 分别收录在女性主义研究的两部汉译论文集中。另外《符号与象

---

① 高宣扬：《法兰西思想评论》，同济大学出版社，2009。
② 祝克懿：《克里斯蒂娃学术思想中的中国元素与文化认同》，载［法］朱莉娅·克里斯蒂娃《主体·互文·精神分析：克里斯蒂娃复旦大学演讲集》，祝克懿、黄蓓编译，三联书店，2016，第 13 页。
③ ［挪］陶丽·莫依：《性与文本的政治——女权主义文学理论》，林建法、赵拓译，时代文艺出版社，1992。
④ ［美］朱迪斯·巴特勒：《性别麻烦 女性主义与身份的颠覆》，三联书店，2009。

征的辩证空间——朱莉娅·克里斯蒂娃美学思想简论》① 是引用率极高的一篇译文。文章指出：克里斯蒂瓦的美学旨在促成一种情境的出现，其中主体是一个"开放的系统"，或一件"进行中的作品"，一种"向他者开放"的生成，由此能够同时带来我们自己身体的一种修正形式。她呼唤一种新的身份的形成。此文或许可以启发我们更深入地进行克里斯蒂娃美学思想研究。

《克里斯托娃——多元逻辑》（2002），是日本研究克里斯蒂娃理论的专家西川直子的重要成果。该专著完成于 1999 年，也是国内最早译介的国外研究克里斯蒂娃理论的著作；《互文性研究》（2003）是法国 128 部丛书中的一部，该书详细梳理了广义互文性、狭义互文性的发展流变；《克里斯蒂娃眼中的艺术》（2020）是近期翻译的国外对克里斯蒂娃思想的研究专著，作者应用克里斯蒂娃的"符号态""贱斥"等理论对一些视觉艺术成果进行进一步阐释与表达。相较于国内学界目前的研究，这样的研究角度无疑是新颖的。但实际上，该著述的英语版出版于 2011 年，距今也已 10 年。本论文在此基础上，进行大胆尝试，试图用克里斯蒂娃的某些重要理论进行视觉艺术的阐释。

国内学术著作中亦有开辟某个章节介绍克里斯蒂娃的符号学理论：《朱莉娅·克莉丝蒂娃与符号学》② 认为，在克里斯蒂娃看来，革命与女性是同义词，因此，她的符号学理论被视为女权主义理论，所以克里斯蒂娃也是女权主义者。《克莉斯特娃的符号学理论》③ 既肯定了她在学术上的成就，如提出了符号学本身的科学性问题，但也指出这导致了该学科的含混。作者李幼蒸的评价是辩证的，也是无情的："在政治实践领

---

① ［斯洛文尼亚］波拉·祖藩茨·艾埃塞莫维茨：《符号与象征的辩证空间——朱莉娅·克里斯蒂娃美学思想简论》，金惠敏译，《南阳师范学院学报》，2004 年第 4 期。
② 张岩冰：《女权主义文论》，山东教育出版社，1998。
③ 李幼蒸：《理论符号学导论》，社会科学文献出版社，1999，第 644-655 页。

域，她的过激言论不仅没有学术价值，而且暴露出判断力的薄弱。"①

迄今为止，国内共出版了三部克里斯蒂娃的研究专著，分别为《克里斯特瓦的诗学研究》（罗婷，2004）、《克里斯蒂娃解析符号学研究》（孙秀丽，2016）、《克里斯特娃文本理论研究》（崔柯，2016）。

《克里斯特瓦的诗学研究》是罗婷在其2002年博士论文基础上出版的学术专著。该作品对克里斯蒂娃的符义分析学、互文性、女性主义诗学、精神分析学等批评理论进行了较为深入、全面地探讨，同时梳理、论析了克里斯蒂娃与巴赫金、拉康等前辈之间的学理关系。作者还剖析了克里斯蒂娃对中国文字、中国妇女的浪漫化解读，又以批判的眼光，指出其理论具有混乱不清、脱离实际的缺陷。这是国内第一部较为全面阐释克里斯蒂娃诗学思想和多元理论的作品，在21世纪初的时代背景之下，这样的研究成果具有领先性和前沿性的学术价值。

《克里斯蒂娃解析符号学研究》是孙秀丽写于2010年的博士论文，后经修改补充后以研究专著的形式于2016年出版。该著作采用主题缩影的方式，统合起克里斯蒂娃符号学理论的各种概念，全面梳理了克里斯蒂娃的符号学思想。作者首先考察了克里斯蒂娃解析符号学理论发生的历史背景，以及她独特的个人经历在其理论建构中的作用，其次从发生学的角度，阐释了其理论的思想渊源，再次对克里斯蒂娃的一些原创性概念进行阐释，最后探讨解析符号学的现实意义。作者指出克里斯蒂娃的理论"不仅促进后结构主义符号学的发展，同时也阐明后现代社会所具有的特征，为人们充分理解当今时代问题提供新的方法和视角"②。

《克里斯特娃文本理论研究》亦是作者崔柯在其2010年的博士论文的基础上发表的作品。崔柯的研究和孙秀丽的研究是同步的，后者关注克里斯蒂娃前期理论的全部，而前者则试图弥补国内对克里斯蒂娃的研

---

① 李幼蒸：《理论符号学导论》，社会科学文献出版社，1999，第655页。

② 孙秀丽：《克里斯蒂娃解析符号学研究》，黑龙江大学出版社，2016，第21页。

究深度欠缺的状况，将研究对象聚焦在更加细致具体的"文本"之上，而文本理论又是解析符号学特定的研究对象。崔柯结合文本概念的发展流变，梳理、总结了克里斯蒂娃的文本理论，最后的增补部分，则运用该理论对中国当代艺术实践进行了阐释。

对上述三部研究专著加以分析，我们发现，虽然其中有两部出版年份在近五年内，但实际上它们都是作者 10 年前的研究成果，著作出版前虽经不同程度的补充修订，可在基础内容上并无实质性改变。三位著者的研究主要集中在克里斯蒂娃理论的前十年（1966—1974 年），关注的是其语言符号学的阶段，并且具有窄口径、深切入的特点。然而，克里斯蒂娃的理论根深叶茂，这三位著者只是做到了一个分门别类的阐释，并没有把握住其理论的整体性。因此，本文将视野扩大，抓住克里斯蒂娃思想的两个关键词：主体与互文，串联起克里斯蒂娃理论的全部，聚焦其理论的当下意义，力求在前人的基础上为国内学界展示一个更加多元立体的法国理论家的思想面貌。

随着国内对克里斯蒂娃思想的引介，很多学者的研究兴趣被激发了出来，相关的论文不胜枚举。以"互文性"为例，根据复旦大学的统计，近 20 年来，单以"互文性"为主题的论文就达千余篇，译著、专著数十部。分析发现，国内相关论文的写作存在着从理论应用转移到理论本体研究的特点。相关论文通常涉及克里斯蒂娃研究的比较传统的语言符号学方面和女性主义方面，也有作者探究她与巴赫金、拉康、巴特等理论的学理关系。当然，其中的很多研究也并非只是孤立地聚焦其理论的某一个方面，例如，越来越多的研究者将克里斯蒂娃的符义分析学与女性主义、精神分析等关联，更全面地进入克里斯蒂娃的理论核心。总之，通过大量涌现的这些论文，国内读者接触了克里斯蒂娃的一系列学术术语和原创性概念，促进了其理论在中国的传播与发展。

随着克里斯蒂娃 2012 年的第四次访华和她在复旦大学所做的四场演

讲，中国的克里斯蒂娃研究热潮被点燃，中国经验对克里斯蒂娃的影响、《中国妇女》内涵的丰富思想不断被学者关注，成为他们写作的思想源泉。

鉴于国内学界关于克里斯蒂娃研究的期刊、论文数量较多，我们挑选出近年来最具代表性的，也是最活跃的克里斯蒂娃的研究者——张颖，她也是《诗性语言的革命》的主要中文译者。张颖对克里斯蒂娃的研究始于2011年翻译的克里斯蒂娃的名篇《词语、对话与小说》。迄今为止，她发表的直接研究克里斯蒂娃的论文达10余篇。其中，《论克里斯蒂娃"符义分析"对乔姆斯基转换生成语法的批判牲接受》① 《符号系统的主体与他者：论本维尼斯特对克里斯蒂娃的影响》② 是对克里斯蒂娃的思想来源的探究。应该说张颖是国内第一个从全新的角度进行研究（索绪尔、巴赫金之外）的学者，她的研究开启了国内研究的新视角。张颖也关注克里斯蒂娃与中国有关的主题：《实践的主体与主体的实践：克里斯蒂娃论毛泽东的〈实践论〉》③ 是她对克里斯蒂娃理论中国化独创性的又一次成功尝试；《汉字与"互文性"——克里斯蒂娃后结构主义理论的中国维度》④《探寻"另一种逻辑"：论克里斯蒂娃切入中国经验的路径》⑤《论张东荪中国式逻辑对克里斯蒂娃性别差异观的影响》⑥ 及《阅读中国：

---

① 张颖：《论克里斯蒂娃"符义分析"对乔姆斯基转换生成语法的批判牲接受》，《符号与传媒》2019年第2期，第13-24页。

② 张颖：《符号系统的主体与他者：论本维尼斯特对克里斯蒂娃的影响》，《华中师范大学学报（人文社会科学版）》2014年第6期，第103-109页。

③ 张颖：《实践的主体与主体的实践：朱莉娅·克里斯蒂娃论毛泽东的<实践论>》，《文艺理论与批评》2019年第2期，第62-72页。

④ 张颖：《汉字与"互文性"——克里斯蒂娃后结构主义理论的中国维度》，《天津社会科学》2019年第2期，第120-125页。

⑤ 张颖：《探寻"另一种逻辑"：论克里斯蒂娃切入中国经验的路径》，《学术界》2017年第3期，第126-137，324页。

⑥ 张颖：《论张东荪中国式逻辑对克里斯蒂娃性别差异观的影响》，《当代文坛》2017年第3期，第41-45页。

论克里斯蒂娃〈中国妇女〉的文本张力》①，这些论文紧跟国内研究热点，为克里斯蒂娃理论与中国的互动关系提供资源。《克里斯蒂娃对马克思主义政治经济学的符号学解读》②《马拉美诗歌的符号学阐释及其得失——以克里斯蒂娃的解读个案为例》③，还有《西方文论关键词：命名时段"符号心理分析"》④《建构一种新的符号意指形式》⑤《从对话到互文性——回应克里斯蒂娃》⑥，这几篇是属于纯理论探究的文章，向国内读者展现了克里斯蒂娃的理论原貌。另外，她还为《陌生的自我》这部著作撰写了题为《你好，陌生人——评克里斯蒂娃〈陌生的自我〉》⑦的书评。该著作到目前为止尚未被翻译成中文，我们通过阅读书评了解到："克里斯蒂娃对身份问题的探讨与先哲们类似，但她并不局限于文化或者社会的根源，而将重心放置在寻找身份问题的本体论的基础。由对异族人的身份问题的探讨，延展到自我和他者的关系。"⑧这就构成了克里斯蒂娃的这一著作的探究核心。

　　综合国内学术界研究克里斯蒂娃理论的专著和论文，我们的结论是：国内学界对克里斯蒂娃思想的研究仍然落后于国外，尤其是《朱莉娅·

---

①　张颖：《阅读中国：论克里斯蒂娃〈中国妇女〉的文本张力》，《上海大学学报（社会科学版）》2016年第2期，第93-101页。

②　张颖：《克里斯蒂娃对马克思主义政治经济学的符号学解读》，《符号与传媒》2016年第2期，第64-72页。

③　周丹、张颖：《马拉美诗歌的符号学阐释及其得失——以克里斯蒂娃的解读个案为例》，《武汉大学学报（人文科学版）》2015年第3期，第100-103页。

④　张颖：《西方文论关键词：命名时段》，《外国文学》，2017年第2期，第9页。

⑤　张颖：《"符号心理分析"建构一种新的符号意指形式》，《当代文坛》2014年第3期，第25-28页。

⑥　张颖：《从对话到互文性——回应克里斯蒂娃》，《符号与传媒》2011年第2期，第211-216页。

⑦　张颖：《你好，陌生人——评克里斯蒂娃〈陌生的自我〉》，《符号与传媒》2013年第2期，第220-222页。

⑧　张颖：《你好，陌生人——评克里斯蒂娃〈陌生的自我〉》，《符号与传媒》2013年第2期，第220-222页。

克里斯蒂娃的哲学》的问世，让我们更清醒地意识到了国外相关研究的多维度与前沿性以及国内研究的相对滞后性。克里斯蒂娃的思想犹如一个开垦不完的宝藏，仍然可以从中挖掘出更丰富的内容。我们亟待要做的是摆脱国内相关研究的滞后性，力争站在学术前沿，与世界学者对话。

三、研究思路及创新之处

本论文基于克里斯蒂娃的理论整体，意在采用广阔的理论互渗性视角进行研究。从文献综述部分不难看出，以往的研究中，研究者只关注其理论的一个方面，从局部着手分析克里斯蒂娃的语言学、符号学或者是一些个别概念。这些理解都没有把克里斯蒂娃的总体理论特色凸显出来。在笔者看来，克里斯蒂娃的很多理论概念都是紧密关联的，因而需要在一个整体性思路下加以研究。克里斯蒂娃理论的整体性，也显示了"主体与互文"这对具有理论互渗性概念的丰富内涵。

克里斯蒂娃的理论特色，可以用她的一本演讲集的标题来概括——"主体·互文·精神分析"，这是对她2012年在复旦大学发表的四场演讲（《主体与语言：互文性理论对结构主义的继承与突破》《主体与语言：互文性理论与文本运用》《主体与精神分析：女性天才三部曲——阿伦特、克莱因、柯莱特》《主体与精神分析：陌生的自我》）进行的关键词提炼。而"精神分析"主要体现在克里斯蒂娃对"女性主体"的关注，因此这三个词汇"主体·互文·精神分析"其实就相当于"主体与互文"这两个领域，覆盖了精神分析学和符号学。换句话说，克里斯蒂娃关注"女性主体"的精神分析学，是具有符号学维度的精神分析学；克里斯蒂娃以"互文"为中心的符号学，也是具有"主体"（也就是精神分析学）维度的符号学。

这四场演讲一方面具有总结性的意义，另一方面也因为其提纲挈领的简洁性略去了克里斯蒂娃理论本身的多样性面向。从更为完整的意义上看，贯通这四场演讲的关键词"主体"颇为重要。克里斯蒂娃对"主体"概念的理论贡献聚焦在精神分析学意义上的女性主体，尤其是"前俄狄浦斯阶段"的主体。因而，在这个主体诞生的阶段，她定义了"符号态"和"子宫间"来安置一个"过程主体"的概念。通过语言学和精神分析学两条路径的汇通，克里斯蒂娃为女性主义理论做出了杰出的贡献。女性及母性，成为其理论的底色。

于是，我们可以将"主体与互文"这对关键词，关联到其理论底色——"女性（主体）"问题，进而通过"陌异性""否定""贱斥"等概念，激活这个主体概念在文学、艺术、宗教、历史中发生作用的能力。由此，克里斯蒂娃的语言符号学、精神分析学，在另一个意义上也是一种文化政治学——她概括为"反抗的政治""新人文主义"。这样，克里斯蒂娃的独特理论体系才能构建起来。

在这种理论整体性视野下，也就是在克里斯蒂娃的具有主体维度的"互文性"意义上，本研究的三个创新之处便凸显了出来：第一，用"主体与互文"互渗关系来对克里斯蒂娃理论整体加以勾勒，可以纠正将"互文性"局限到"文本世界"进行诠释的普遍误读。第二，克里斯蒂娃的理论将女性主义推进到精神分析学和符号学层面，建设了一种新的女性主义理论方向，这种女性主义的核心可以用"可分享的女性禀赋"来概括。第三，由于将克里斯蒂娃的理论整体性勾勒了出来，也可以展现出其理论的批判性活力，尤其是在美术、文学、宗教和文化评论等领域。

另外，本论文在素材方面也有很大程度的创新。比起现有的研究，本论文具有回归到克里蒂娃的理论文本本身（包括法语原文以及近几年国内出版的克里斯蒂娃学术著作的中文译著）的特点，这让我们更接近克里斯蒂娃的理论本质，进而对其理论进行个性化解读，从而为国内学界呈现一个最接近朱莉娅·克里斯蒂娃的克里斯蒂娃。

第一章

超越文本的世界：克里斯蒂娃的语言符号学

克里斯蒂娃的理论整体性具有两个相互关联的维度：一个是"主体"，一个是"互文"。但在汉语学界，人们往往用"互文性"来概括克里斯蒂娃的主要理论贡献。这类概括一方面忽视了克里斯蒂娃理论当中的精神分析学方面，更重要的是，这类概括也忽视了"互文"本身指向的是一个广阔的语言符号学，而这个语言符号学甚至具有精神分析学的维度。由于忽略了"互文"之"主体"的过程的、复量的维度，汉语学界在使用"互文"时便容易产生简单化的误读。

我们认为，克里斯蒂娃对语言符号学的主要贡献在于，她突破了欧美语言学的语音中心主义的线性逻辑，重建了比文本世界更为广阔的"互文"世界。首先体现在语言学方面。从理论源头来看，克里斯蒂娃的理论灵感来源于东方语言学。她在对"肢体动作"的语言学探讨中，获得了重建语言学的方向——朝向"意指"之下的"文"，也是在这个地方，她突破了传统"结构主义"对"文本"的过度关注，从而看到在象征秩序（作为拉康的术语，象征秩序指的是个人使用的语言中的秩序，其载体为父亲形象。"父亲律法构成了所有的语言意指，被称为象征秩

序，因此成为文化自身的普遍的组织原则。"① ）之外也有"文"的秩序
（比如"肢体动作"的"文"，就不能放到结构主义的"文本"中加以考
察）。所以，克里斯蒂娃重建的语言学，也可以称为"文"的语言学。她
关注到大量的意指实践都穿透了文本，它们"先于符号和句法"，甚至构
成语言的某种"前提和必要条件"。语言学需要恢复这种完整的理解，就
要借助精神分析学和东方语言学的启发，尤其是"意指是一个过程"的
理解引导她完成了从"语言"到广义的"文"、从"意指"到广义的
"指代"的转化。

其次体现在符号学方面。受东方语言学的启发，以及巴赫金话语理
论的引导，克里斯蒂娃建立了自己的符号学——"符义分析学
（sémanalyse）"。她的理论转化了巴赫金的理论内容，从而形成了更为缜
密的体系。虽然，她有失偏颇地将亚里士多德诗学理论归为"0-1"（真
理）模式，而没有看到亚里士多德对"相似性"的理解其实正是一种诗
性理解（"0-2"）。不过，克里斯蒂娃的符号学的意义在于弥补了结构
主义理论对主体维度的忽视。

由此，克里斯蒂娃的语言符号学中，可以提炼出"互文"的关键概
念——如果加以简单化的意译，"互文"就是一种广义的"文"（它超出
了语音中心主义的"文本世界"）。这是克里斯蒂娃最广为流传、被人误
解最多的概念。如果忽略克里斯蒂娃的"肢体动作（gestualité）""徽标
（emblème）"的语言学概念，以及"符义分析学""0-2"的符号学分
析，那就不能看到互文性概念背后的理论体系，甚至进而将"互文"概
念误读为"影响的焦虑"。这种误读的核心误区，就是将"互文"局限
在"文本世界"，而忽略了其内具有的、过程性的"主体维度"。所以，
克里斯蒂娃的理论是一个完整的体系（包括语言学、符号学、精神分析

---

① Judith Butler. "The body politics of Julia Kristeva", *Hypatia vol* 3 （1989）：3.

学等多种理论资源），只有注意到其理论的整体性，才能理解她的任何一个单个的概念。

第一节　作为符义实践过程的语言学

克里斯蒂娃的语言符号学理论①具有开阔的东西方视野。其中来自中国的语言、文字、思想贯穿了她早期的理论探索，对其理论建构有着不容忽视的重大意义。法国文论中的"le texte"通常被译作"文本"，但该译文往往导致容易忽略这个概念本身所蕴含的"文本"以外的指称意涵的后果。鉴于此，我们尝试用"文"代替"文本"。文者，物象之本，亦可表示物质化的"徽标"，而这种表达，正与克里斯蒂娃所强调的语言学中通常为人所忽视的"肢体动作"式的意指实践相联系。就是在东方语言的启发之下，克里斯蒂娃构建起她独特的语言学理论。

一、东方语言学的启迪："意指是一个过程"

克里斯蒂娃的语言符号学理论吸纳了东方语言思想，其中来自中国思想的启发，贯穿了她早期的理论探索。早在20世纪60年代，在把巴赫金的思想介绍到法国学界之时，她就已经发现了来自中国的哲学家张东荪的思想与其语言学探究的理论相似性。"亚里士多德式逻辑在语言应用中的不足被指出来并非偶然：一方面，由中国哲学家张东荪（Chang Tung-sun）指出，他来自另一种语言视野（表意文字的视野），在那儿，阴阳'对话'代替了上帝展开；另一方面，由巴赫金指出，他试图用革

---

① 该部分内容与笔者发表于《语言学研究》（第27辑）的文章《克里斯蒂娃"文"的语言学理论的东方溯源及构建》内容一致。

命社会中形成的动态理论来超越形式主义。"① 那么，张东荪的思想是如何指出这种不足之处的？他所属的另一种语言视野到底给了克里斯蒂娃怎样的启发，从而让她建构起自己的语言学体系？

（一）中国名学中"非同一律"思想的影响

克里斯蒂娃从法国结构主义、俄国形式主义转向巴赫金的研究，是基于对"语言的对话性"的研究。这种语言理解，其实并不是新近的发明，而是蕴含在许多古老的语言中的特性。而语言的这一特性，在中国哲学相关律的动态思想中呼之欲出："只注重可能存在的发展变化，只关心象与象之间的相互关系，而不问象背后的本体。"② 无论是克里斯蒂娃1966年所阐释的巴赫金的理论，还是不久之后留意到的张东荪《思想言语与文化》一文的法语译文 "*La Logique chinoise*"（《中国式逻辑》），都给了她超越结构主义语言学的理论启迪。

2012年在复旦大学进行《互文性理论对结构主义的继承与突破》的讲座时，克里斯蒂娃谈到自己与张东荪语言思考的亲缘性：

> 出人意料的同时也属必然，我的互文视角把我引向中国文化的某些独特的思维方式，与巴赫金引导我们所探索的思维方式有某种暗合。就在我把巴赫金思想引入法国之时，我发现了一位名叫张东荪的中国学者的研究。《原样》刊物在1969第38期上发表了他的一篇研究文章：*A Chinese Philosopher's Theory of Knowledge*，他们给它的法文题目是 *La Logique chinoise*（中国式

① Julia Kristeva, *Sémiotikè: Recherches pour une Sémanalyse*. Paris: Editions du Seuil, 1969. p. 90. 本研究中引用的克里斯蒂娃法文文献部分为笔者为追求更恰切的译文而根据法语原文、参考现有的中译本进行的自译。谨向各位中译本的译者表达深深的谢意。他们是史忠义、张新民、张颖、张新木、赵英晖等。

② 祝克懿：《互文性理论的多声构成：〈武士〉、张东荪、巴赫金与本维尼斯特、弗洛伊德》，《当代修辞学》2013年第5期，第12-27页。

逻辑）。……读了这篇文章，你们就会看到从巴赫金到克里斯蒂娃一路的思想与中国思想中的某些因素的联系。①

这种来自汉语逻辑的语言思想或语言哲学，被张东荪概括为更加中国化的概念——"名学"，即"中国的语言逻辑（系统）"。1939年张东荪就已经认为，东西方语言哲学有不同的逻辑，西方的语言学基于同一律，而汉语并不基于同一律：

> 西方名学根本上是建筑在同一律（所谓矛盾律与排中律只是同一律的附律）之上的。分类、定义以及三段论法（甚至于转换与对当）无不基于此。这些原是互相关联的，实在是一套。而中国人的思路根本不适用这一套。所以我说中国人的名学系统（姑且名之曰系统）是不建筑在同一律上的（logic without identity）。②

同一律构成西方分类学的基础。西方的逻辑学，尤其是形式逻辑，以同一律为基础，认为任何概念或判断，都不能在不同意义上使用，而应该基于"同一"的准则。不过，东方人却并没有在本土发展出这种形式逻辑，孙东荪所谓的"名学"也概莫能外，同样不属于西方意义上的形式逻辑。关于东方思想的非同一律的问题，不仅为张东荪所概括，而且为阿根廷小说家博尔赫斯（Jorge Luis Borges）所认知。在《约翰·威尔金斯的分析语言》一文中，博尔赫斯谈论了一种可笑的分类法："美字

----

① ［法］朱莉娅·克里斯蒂娃：《主体·互文·精神分析：克里斯蒂娃复旦大学演讲集》，祝克懿、黄蓓编译，三联书店，2016，第12页。
② 张东荪：《思想言语与文化（节选）》，《当代修辞学》2013年第5期，第38-47页。

出现在第十六类，那是一种胎生的、椭圆形的鱼。"① 这则涉及东方分类学的虚构论述，为福柯（Micheal Foucault）的《词与物》提供了大笑的素材。而中国学者屠友祥先生沟通了汉语思维与西方思维，深刻辨析了博尔赫斯的分类意蕴问题："万物以类（同）而聚，依类而分（异）。然而博尔赫斯《约翰·威尔金斯的分析语言》引述古代中国百科全书的动物分类……这一混乱的分类让福柯大笑，摇撼了他的思维界标。博尔赫斯的意见则是我们对万物的分类都是随意的、猜想的，因为我们不知道何为万物。"② 在屠先生看来，这个似乎让人发笑的文学虚构，背后契合着老子的"万物并作，吾以观其复。夫物云云，各复归于其根"思想和庄子的"吾丧我"中取消对待的思想。③ 由此可见，东方的分类观念和西方的形式逻辑，其实是基于不同的逻辑基础。

克里斯蒂娃认为，20 世纪 30 年代中国思想家张东荪理解的东方逻辑，可以用来突破人们对"语言学"在"非同一律"维度上的理解。这一"非同一律"的语言能力内在于人，这也是索绪尔将自己的语言学命名为"普通"的理由。博尔赫斯在其文章结尾处，也通过引述的方式表达了对这种语言能力的乐观态度："人们知道在头脑中有比秋天的森林中更紊乱、更不可胜数、更无名的色彩……但是相信，这些色彩及其一切搭配和变化，都能用高低不同的声音的随意性机制确切地表达出来。相信从一个证券经纪人的内心，确实可以发出代表一切记忆的秘密和一切强烈欲望的声音。"④ 此处，博尔赫斯通过文学家的眼光探究到这种非同

---

① [阿根廷] 豪·路·博尔赫斯：《博尔赫斯全集散文卷（上卷）》，王永年等译，浙江文艺出版社，1999，第 428 页。

② 屠友祥：《"可写的"与"能引人写作的"及其他》，《文艺理论研究》2015 年第 6 期，第 178-184 页。

③ 屠友祥：《"可写的"与"能引人写作的"及其他》，《文艺理论研究》2015 年第 6 期，第 178-184 页。

④ [阿根廷] 豪·路·博尔赫斯著：《博尔赫斯全集散文卷（上卷）》，王永年等译，浙江文艺出版社，1999，第 430 页。

一律基础上的语言感觉，这与克里斯蒂娃从中国的张东荪那里习得的"非同一律"是不谋而合的。

在克里斯蒂娃的理论脉络中，东方思想本身蕴含着的非同一律以及不在同一律基础上建构的分类法，恰恰是一种不再制造权威的，同时"促使语言向'意义经验'（expérience du sens）开放"①的语言学思想。她借用张东荪列举的中西语言中的例子，即英文的"to be"与汉语的"是/为"来说明"同一律名学"（identity logic）与取消对待的、不建筑在同一律上的中国名学（logic without identity）之间的差别。张东荪认为"西方的名学与西方言语中有 to be 的动词大有关系"：

> 我们读柏拉图的书的时候常必发见（现）希腊文的这个动词其本身富有意义。而许多哲学问题是从这里引出来的。我尝（曾）说有许多哲学问题其本身只是个言语问题，亦就是看到这些地方。这几点与中国来比较便见其很不相同。第一，中国言语不必须要主语。……第二，中国言语中没有和西方动词 to be 相当的字。如口语的"是"便不能有"存在"的意思。至于文言的"为"反有"成"的意思，有几分似英文的 to become。而在英文 becoming 却与 being 正相反（对）。第三，中国言语上无论口语的"这"与文言的"此"或"其"都不能与 it 相当。"此"只是英文的 this。这个字是有对待的。"此"是与"彼"相对待的。不能成为一个"不定者"（the non-definite）。②

张东荪将此例视为"言语左右思想，言语引导思想的一个实例"，并

---

① ［法］朱莉娅·克里斯蒂娃：《主体·互文·精神分析——克里斯蒂娃复旦大学演讲集》，祝克懿、黄蓓编译，三联书店，2016，第10页。
② 张东荪：《思想言语与文化（节选）》，《当代修辞学》2013年第5期，第38-47页。

由此看到了"中国国民性在心思方面有与西方不同的地方"①。"赋予意义的过程在其概念的翻译中也是要经受的。"② 经过一个世纪的汉译进程，"是"这个词在今天也具有了"存在"的含义，这是翻译中约定俗成的结果。不过，张东荪将语言问题视为一种哲学意义上的差异，对克里斯蒂娃具有启发意义。

克里斯蒂娃认识到，张东荪的中西名学比较中所蕴含的古老的东方思维，具有超越结构主义语言学的潜能。尽管这种潜能直到在法国后结构主义思潮中才获得了释放，而她的语言学建构正是这个思潮的构成部分，其中，她调用了古老的汉语中非对待的、不定者的思维。这个非对待、不定者，在其后来的理论演进中逐渐形成了一个独特的"陌异性"概念。综上所述，克里斯蒂娃的陌异性概念的灵感来源其实是东方，甚至于后来她在思考女性主义问题的时候，也将对中国妇女的理解放在这种非对待的阴阳对话关系之中，而不是二元对立的男权与女权的矛盾之中。其理论气质在早期理论中就浸染了东方色彩。

（二）汉字带来的启示

"由于我具有东方人的外貌特征，所以经常被误认为是中国人。正因为如此，我很早就有对中国和中国文化的亲近感，并学习了汉语。"③ 有着一定汉语基础的克里斯蒂娃通过这种新颖的视角，认识到"汉语的词类只是一个幻觉"；与之相关的是，法国汉学家保罗·戴密微（Paul Demiéville）认为语义上的和形态上的词类划分在汉语中都是不存在的，汉语中只有功能上的词类划分。来自汉语的这种理论经验，成为克里斯

---

① 张东荪：《思想言语与文化（节选）》，《当代修辞学》2013 年第 5 期，第 38-47 页。

② 屠友祥：《"可写的"与"能引人写作的"及其他》，《文艺理论研究》2015 年第 6 期，第 178-184 页。

③ ［日］西川直子：《克里斯托娃：多元逻辑》，王青、陈虎译，河北教育出版社，2002，第 96 页。

蒂娃突破僵化的"结构主义"文本体系的思想资源。她注意到汉语语音的复杂性，作为一种单音节语言，汉语中含有大量的同音异义字。"例如，shi 发二声时，可以表示十、时、食、蚀、拾、石等。"① 这个同音不同形汉字的举例其实并不妥当，因为在这些字之间发生的"对话性"是比较勉强的，"拾"和"石"之间的词类划分是显而易见的。不过这种细微的例证，对于克里斯蒂娃的理论演进基本是无关紧要的。准确地说，克里斯蒂娃是在自己的理论演进之中才关注到了这一个案。

法国汉学家葛兰言（Marcel Granet）认为汉字"不是记录概念的符号。它不对应我们坚持尽可能明确地确定其抽象和普遍程度的某个概念。它首先通过显现二者（抽象和普遍）中最活跃的因素，展现由特殊意象构成的模糊的结合体"②。克里斯蒂娃借助葛兰言的研究，认识到汉字不是符号，而更像一个徽标，一个我们只能凭借语法或句法手段才能赋予它生命的徽标。例如，汉语中的"离"字在"距离"和"离开"中体现不同的意义，"食"字在"粮食"和"食言"中体现出不同的意义。对于克里斯蒂娃而言，一个具体的汉字，只有在它具体出现的位置，才能获取其具体的价值。这也充分论证了戴密微认为汉语中只存在功能上的词类划分之观点。另有一例：当我们说"手指"一词，可以同时被"句法化"地理解为手的动作"指示"，或者是手指的名词"指头"，或者理解为更加抽象化的"即是"的意义。"指"这个词的意义跟随着句法功能而获得，其意义是待定状态的。由此克里斯蒂娃得出结论：

> （汉语的）每个词语都被"句法化"了：它有特定的结构，因此有自己的句法，根据它们的句法功能，各组成成分获得这样或那样的价值：即汉字（和其他任何文字一样，首先是一门

---

① Julia Kristeva. *Le langage, cet inconnu*. Paris：Editions du Seuil, 1981. p. 78.

② Julia Kristeva. *Le langage, cet inconnu*. Paris：Editions du Seuil, 1981. p. 79.

语言的科学。——梅耶［Meillet］）用句法代替了词法。在更大的组合层面，例如句子，语境的作用，即句子成分间的句法关系尤为关键：句法背景赋予每个义素明确、具体的意指，它作为名词、动词或者形容词等的语法价值。①

在欧洲语言中，语言系统往往沦为客体的映射的地位，占据与客体相互对立的位置。当人们在日常使用中习惯了在指涉物—能指—所指（référent-signifiant-signifié）之间建立对应关系时，人们就忽略掉了汉语本身所具有的包罗万象、多层指涉的语言魅力。客体和客体的映射之间的对立，在汉语的意义—声音—事物（sens-son-chose）的"三位一体"之中消解了。克里斯蒂娃认为，汉语中表现出"意义、声音、事物的融合现象"，"使语言（langue）和实物（réel）统一起来"，也就是说，"汉语中这种概念、声音、事物的融合……通过且在汉字中得以物质化：（汉字）拥有三千多年历史，是唯——个没有向拼音文字演化（如同埃及文字或楔形文字）的表意文字"②。她更为深刻的理解是：人们总是将语言理解成"人造非实物"，而忽略了汉字、语言符号本身具有的"物"的特质。把汉字看成徽标，就是对这种理解的修正，它不再是抽象的意义表达形式，而是形容汉字就像一个具体的物体，是一个能被人从很多角度观看、使用的物体。这就是克里斯蒂娃在葛兰言基础上往前推进的一步，即：她提出"徽标"不是一个概念，而更像是一个可以用于指涉的物体。就像水，作为一个物体，本身不对自己的形态加以定义。然而它在一些载体中，就获得了具体的意义，比如海水、湖水、瓶装水、自来水等等。换言之，"徽标"就是汉字去除"文本化"的特征，这样的观点看到了汉字所蕴含的更多的意指实践能力。

---

① Julia Kristeva. *Le langage*, *cet inconnu*. Paris：Editions du Seuil, 1981. p. 82.

② Julia Kristeva. *Le langage*, *cet inconnu*. Paris：Editions du Seuil, 1981. p. 80.

　　中国语言理论通常认为，汉语中实物与图形之间存在着一种指称关系（rapport de désignation），"'符号'是用来指示实物的简明造型，而不是对实物的复制"①。研究发现，巴黎大学文学博士张正明（Tchang Tcheng-ming）的博士论文《中国文字与人体姿势》（L'écriture chinoise et le geste humain，1937）② 中对汉字造字法，即"六书"的研究给了克里斯蒂娃研究中国汉字莫大的启发。张正明认为"汉语表意文字不但是对事物的指示，而且也是对指示的指示"（"指事"造字法中的"指"就是对"指示"行为的"指示"，即用"指头"来"指"）的观点深刻启发了克里斯蒂娃。对"六书"的演变过程以及尤其是对"指事"这种造字法的研究，启迪克里斯蒂娃更多关注汉字的"指示"作用。她强调汉字的"指示"作用意在表明汉字中不仅有"再现"实物的象形字，而且有不一定再现实物，具有"指示"作用的符号。这种"指示"的表意方式与肢体动作的表意实践相关。因此可以说，张正明提供给了克里斯蒂娃思考"指示"作用和肢体语言作为特殊表意实践时的一个重要而直接的资源。

　　在此基础上，克里斯蒂娃解读了公孙龙的《指物论》中："物莫非指，而指非指。天下无指，物无以谓物。"她认为欧洲语言学家们把"指"译为"signe"（符号）、"signfinant"（能指）、"signifié"（所指），是不妥当的，"如果将它们译为'dé-signation'（指称行为）、'dé-signant'（指称者）、'dé-signé'（被指称者），也许更加接近上述思考的意义"③。

　　应该说，在该翻译和阐释的过程中，克里斯蒂娃最大限度地还原了中国先秦时期名家的哲学家公孙龙的本意，将"指"视为一种有待认领

---

① Julia Kristeva. *Le langage*, *cet inconnu*. Paris：Editions du Seuil, 1981. p. 84.
② 王国强：《近代华人天主教徒的西文著作及其影响——以〈汉学丛书〉为例》，《世界宗教研究》2016 年第 6 期，第 140-149 页。
③ Julia Kristeva. *Le langage*, *cet inconnu*. Paris：Editions du Seuil, 1981. p. 84.

的过程，而不是一个实物，所以她在法语中将"指"创造性地翻译为"指称行为""指称者""被指称者"这样的过程性概念。在这个过程之中，汉语的指称行为就抵达了对实在界的标记，而不是成为自我指涉的象征系统。所以，汉字"是一些肢体动作的指示"（指事），就是因为它没有试图去复制实体，而是最大限度地取消自身的符号性（也就是"空无性"和"关系性"①），让自身成为一个"徽标"。汉字自我呈现为"物"的样态，就如同一个动作一样，本身就可以被视为物（"徽标"）。将汉字理解为动作性甚至具有物质化特征的"指称行为"，而不是一种象征秩序意义上的"符号"，是克里斯蒂娃在汉语的启发下形成的语言学思想的创造性所在。

可以说，对汉字的研究是克里斯蒂娃学术生涯的一个新起点，启发她关注被结构主义所排斥的结构之外的客观物质世界，引发了她对言说主体与客观物质世界关系的重新思考，催生了她一系列的理论成果。有学者总结，克里斯蒂娃的中国经验，即：她对汉语口语、汉字书写、中国思想家理论成果译介等多个维度，展开碎片式、宽口径的探究，在一定程度上反映了她想象中国的方法。② 当然，正如张颖所言，克里斯蒂娃对于汉字的研究，并不是"研其所是"，而只是"经由中国"③，让中国文化作为一面镜子来照出自己。这也就印证了克里斯蒂娃本人的说法："今天我们对东方文化所做的一切诠释都来自一种西方的隐喻。"④ 简单说就是，西方学者对东方的研究实际上只充当了西方思想家的理论工具，

---

① 屠友祥：《空无性与关系性：语言符号的根本特性——索绪尔〈杂记〉发微》，《外语学刊》2013 年第 4 期。

② 罗昔明：《克里斯蒂娃的反现代性路径及其中国资源》，《青海师范大学学报（哲学社会科学版）》2016 年第 3 期，第 104-108 页。

③ 张颖：《汉字与"互文性"——克里斯蒂娃后结构主义理论的中国维度》，《天津社会科学》2019 年第 2 期，第 120-125 页。

④ ［法］朱莉娅·克里斯蒂娃：《加深与中国的对话》，见载钱林森《和而不同——中法文化对话集》，南京大学出版社，2009，第 73 页。

用以凸显自身的特征。但即便如此，也不能忽略克里斯蒂娃的研究工作对中国汉字以及中国文化域外传播所起到的积极作用，更不能忽略中国因素在其理论建构中的重要价值。

（三）来自印度语言学的启示

相比于汉字的"指称行为"和"肢体动作的指示"，同样来自东方的印度语言学也带给克里斯蒂娃一条超越结构主义语言学的路径。由此，她更加明确地指出："意指是一个过程。（La signification est un procès.）"①

克里斯蒂娃关注印度语言学家伐致诃利所勾勒的一个关于句子理论的论说："句子是一个过程，是意义的唯一的完整显现。词语在句法之外没有意义。"②伐致诃利看来，意义由语言的行为产生，它是一个过程。这涉及印度语的两种现代化诠释，第一种是沙巴拉的理论，克里斯蒂娃将其视为一个"结构主义"的理论："行动什么都算不上，语言只表达被置于关系中的事物。"第二种是伐致诃利的理论，他的理论是对沙巴拉理论的批判。这是一个"分析—综合性的'转换'概念"，这一理论突出了"行动"（而这个"行动"被克里斯蒂娃理解为是"意指"的另一个名称）。伐致诃利总结道："意义在表现因素得以显现后经由对话者建立。未经表现的言语（parole）以一种连续的、无声的方式被认知；而思想则是在非连续言语中留存，并延展……"③那么，说话者想如何表达它，就变得尤为关键，词语所代表的意义以及在语句中的一切可能性都将取决于此。要知道，"结构主义语言学之父"索绪尔本人也受益于印度语言学的思想。屠友祥指出："索绪尔的一个根本思想，就是符号处在关系之中，符号的存在，是符号与符号之间的否定性、差异性关系导致的，符号与外在世界没有关系参见。这点，与古印度的符号思想尤其是遣他

---

① Julia Kristeva. *Le langage, cet inconnu*. Paris：Editions du Seuil，1981. p. 92.

② Julia Kristeva. *Le langage, cet inconnu*. Paris：Editions du Seuil，1981. p. 94.

③ Julia Kristeva. *Le langage, cet inconnu*. Paris：Editions du Seuil，1981. p. 95.

（apoha）观念有直接的关联。"① 古印度语对于索绪尔的启发也为克里斯蒂娃对印度语的理解提供了支撑。

综上可以看出，古印度语言学和中国古名学，都具有排空符号自身意义的特质。剩下的就是克里斯蒂娃所言的"指称行为"的"指"的流动过程。任何符号都需要以空无化处在关系之中。汉字"是一些肢体动作的指示"，这个界定，使得汉字造字法中的"象形"获得了新的阐释。汉字除了再现外在自然物（象形）外，还具有"指示"作用以及对"指示行为的指示"（指事），由此也获得了无限的意义指示的可能性。比如："文"这个字，本身在模仿一些类似于爻纹的纹理，自身就是重绘了的"文"字形纹理。在指示行为之中，"文"自身就成了"物"，不存在这种"物"（指示行为）以外的自然物。语言系统创造了有待指涉的"物"，以及用一些"徽标"来代表意义暂时凝固下来的"指示"结果。比如，作为"指称行为"的普遍语言能力并不因为人们用何种奇怪的字迹而有所损失，人们可以自由选择字迹达到想要的结果。

二、"文"的语言学的构建：被遮蔽的符义实践

在克里斯蒂娃的理论脉络中，东方思想（无论是张东荪的名学、中国汉字，还是古印度语的启发）本身蕴含着的非同一律，恰恰构成了西方语言学的一个异质性参照。这个西方语言学传统之外的他者之异，引导着克里斯蒂娃对传统语言学所内含的"同一"化倾向进行批判，进而建构一种摆脱了形而上外在性依赖的语言符号理论，就像作为"徽标"的汉语一样。克里斯蒂娃所建构的新的语言学，奠基在"文""肢体语言"概念之上。相对于人们熟悉的语音语言，"文""肢体语言""成义

---

① 屠友祥：《索绪尔符号学理论的印度渊源》，《西北大学学报（哲学社会科学版）》2017年第1期，第27-35页。

过程"等概念发现了被语音语言所遮蔽的符义实践的世界。通过这个陌生的"文"，克里斯蒂娃摆脱了语音中心主义，将异质性的主体问题纳入到了语言学视野之中。

克里斯蒂娃命名的"文"究竟是什么?① "文"首先具有强烈的陌异性，我们可以用鲜活的"文学"来言说这种"陌异性"。"文""文学"在克里斯蒂娃看来是相近的，两个概念常常互用。她用一种诗性的描述来界定概念，凸显这个概念所具有的"陌异性"的气质:"极为接近我们的话语（discours）及梦境材料，却又异常陌生，在我们看来，'文学'今天是捕捉语言如何工作，并指出它明天有能力改造的内容的行为本身。"② 首先，我们日常所采用的语言材料，和"文""文学"所具有的陌异性相反，是一种为人们所约定俗成的熟悉性材料。其次，从层级关系看，"文"在语言的熟悉性的表层之下，是语言最陌生的内容。"文"的概念指明了成义过程的复杂性。克里斯蒂娃还纠正了将"文"视为源头的看法，而是清晰地将"文"视为一个纵剖面:"渗透在语言（langue）中，文（texte）因此是语言最陌生的内容——质询语言，改变语言，使语言剥离其无意识和惯常进展的规律性。这样，没有构成语言（langage）的源头，并通过排除源头的问题，（诗歌、文学或其他的）文在言语（parole）的表面挖掘一个纵剖面，在这儿，表现性的和交际性的言语活动哪怕注意到，但却没有言说的这一成义过程各种模式的自我找

---

① 大陆学界往往将其翻译为"文本"，仅有屠友祥先生在罗兰·巴特《文之悦》对克里斯蒂娃的评述中，将其更恰当地翻译为"文"。这两个汉译词语，就克里斯蒂娃的本意而言，更合适的是"文"，而非"文本"。因为"文本"侧重是的进入社会交换的象征秩序之中的文字作品；而"文"所具有的纹路、修饰的特征，使其可以成为"作品"之下、象征之外的一种更为基础性的符义存在，实际上是"文本"作品之下的东西。因而，本文在一部分引述时，直接将"文本"改为"文"。

② Julia Kristeva. *Sémiotikè*: *Recherches pour une sémanalyse*. Paris: Editions du Seuil, 1969. p. 9.

寻。"① 正是因为"文"是一个复杂的纵剖面，它对人们所熟悉的语言活动（一般是表现性的或者是交际性的）构成了陌异性的冲击——这种陌异性内在于我们语言的熟悉性内部，所以需要寻找一个新的分析语言工作的框架来描述这种内在陌异性的"文"的活动。

于是，克里斯蒂娃将"文"放在"成义过程"中加以分析，其基本思路是从柏拉图式向赫拉克利特式转向。首先，"文"意味着变化和差异。她认为柏拉图关于事物本质及其理式的公设具有欺骗性，"因此应该认识事物本质，但是不要通过事物名称：这就是后柏拉图式形而上学直至今天的出发点——柏拉图，在贬低诗人之后，最后向赫拉克利特的弟子和赫拉克利特的变化原则发起攻击"②。其次，因为强调"成义过程"，"文"不再指向外在依赖。那么，"文"在"成义过程"中所呈现的是一种不满足，并因此获得了指向真实的开放性："文不是语法所规范的交际性语言（langage），它不满足于再现，即意指真实。它意指之处，在它再现时此处所展现的差动效果中，即参与到变化中，参与到自己在非封闭状态下捕捉到的真实的改造中。"③ 总之，"文"所参与的是"交际性语言"所没有捕捉到的成义过程，因而是一种更基础的语言实践。

"文"是比"语言"更基础的语言实践，尽管它并没有在历时性上早于言说的"语言"（"意指"），却捕捉到了更为基础的成义过程。作为"文"的例证，克里斯蒂娃重点考察了作为"文"的方式存在的"肢体语言"。"肢体语言"溢出了言说的语音语言所熟悉的语言学框架，同时它仍然自成一种意指实践。在《肢体动作，实践或交际?》一文中，克

① Julia Kristeva. *Sémiotikè*：*Recherches pour une sémanalyse*. Paris：Editions du Seuil，1969. p. 10.

② Julia Kristeva. *Sémiotikè*：*Recherches pour une sémanalyse*. Paris：Editions du Seuil，1969. p. 12. note 2.

③ Julia Kristeva. *Sémiotikè*：*Recherches pour une sémanalyse*. Paris：Editions du Seuil，1969. p. 11.

里斯蒂娃反对将"肢体动作"理解为交际语言，而将其视为符义"实践"的"文"。她用"复指（anaphore）""意指（signification）"概念来分别指代两种符义实践："意指"将符号视为交际化的意义，而"复指"（也就是"符义实践"）则在意义之外发现了更为基础的意指活动（比如音乐语言）。克里斯蒂娃认为："意指问题在把肢体语言（gestualité）作为实践的研究中是次要的。这就回到，追求某种普遍符号学的肢体动作（geste）的科学并不一定要符合各种语言学的模式，而是通过把'意义（sens）'视为指示（indication），把'符号'视为'复指'开始，穿过它们，扩大它们。"①

关注到作为"文"/"复指"的"肢体语言"是关键的一步，由此，克里斯蒂娃将"主体"问题纳入语言学之中，认为主体是语言过程的一个结果。如果语言学不关注主体，而只关注意义，那么"文"就会沦为一种意义"对象"，符号学也会沦为一种实证科学。主体恰恰为意义奠基了基础维度，意义只是主体在成义过程中的表象之一。正是"肢体语言"的存在，显示了主体自身对成义过程的参与。

克里斯蒂娃在欧美语言学的传统外部考察了作为"徽标"的汉语以及古印度语言学，发现"指示"在语言学中的特殊性，并重新提出了"意指是一个过程"的理论。在欧美语言学内部，克里斯蒂娃重新界定了"肢体动作"在语言学理解中的地位，即作为一种"复指"实践的符义运作而非一种"意指"的"符号"。在这两个过程中，她突破了语言学的"意指"研究，进入了"复指"（"复指的"和"肢体的"是同义词）研究，并以"成义过程"（procès de signifiance）这个术语重新界定了语言学研究的对象。而且，经过从"语言"到"文"、从"意指"到"复指"的转化，"肢体语言"所蕴含的主体维度成为一个批判性概念，被纳

---

① Julia Kristeva. *Sémiotikè*：*Recherches pour une sémanalyse*. Paris：Editions du Seuil, 1969. p. 38.

入符义分析之中。对克里斯蒂娃而言，语言学已经无法承担更为普遍的符义分析了，这就需要"建立一套概念来研究'文'的特殊性、分离出文本的力量、变化、历史生成以及文本对意指实践整体的影响"①。那么她的目光就从语言学研究转移到更为广阔的符号学体系——符义分析学的重建上来。显然，这个具有普遍性的符号学体系以容纳"文""复指""肢体动作"为批判性的前提。由此，我们终于抵达了克里斯蒂娃给出的"文"的确切定义："一种重新分配语言秩序的超语言装置，它通过让指向直接信息的交际性话语与先前或同时的不同类型的陈述内容（énoncé）产生联系。"至此，我们了解了陈述行为（énonciation）和陈述内容（énoncé）的区别，区分二者是语言学理论的一个重大突破。"一方面，当句子生产独立于特定事件发生的情况，而以抽象文法单位（例如句子）分析时，则被称为发言内容。另一方面，当语言生产时特殊说话者在特定时间、地点与特定的情境中，以个人行为表演而被分析时，则被指称为发言动作。"② 杜超因此得出结论："所谓发言内容，便是说话者所讲出的一系列由有限词语组成的句子。而发言动作，便是个人的语言行为。二者的主要区别在于，发言动作是一个制造意义的过程，而发言内容则是这种制作过程体现在言说者身上的结果。"③ 所以，"'文'是一种生产力（productivité）"④。因此我们说，克里斯蒂娃的语言学，是一种关于"文"的语言学。

罗兰·巴特作为克里斯蒂娃的恩师，在《文之悦》中对克里斯蒂娃的"文"的语言学贡献做出了如下评价：

① Julia Kristeva. *Sémiotikè*：*Recherches pour une sémanalyse*. Paris：Editions du Seuil，1969. p. 10.
② ［英］狄伦·伊凡斯：《拉冈精神分析辞汇》，刘纪蕙等译，巨流图书股份有限公司，2009，第89页。
③ 杜超：《拉康精神分析学的能指问题》，中国书籍出版社，2020，第89页。
④ Julia Kristeva. *Sémiotikè*：*Recherches pour une sémanalyse*. Paris：Editions du Seuil，1969. p. 52.

文的定义主要是朱莉娅·克里斯蒂娃基于认识论的目的而构设的："我们把'文'界定为语言学以外的一个机构，它将旨在直接信息的言传和先前或同期的各种发话内容（表述内容）勾连起来，经此，对整体语言的纲目重新分类"；在这一（百科全书）条目的界定里，不言明地描述出来的主要理论观点：意指实践（pratiques signifiantes）、生产力（productivité）、意指过程（signifiance）、已然存在之文（phéno‐texte）、生成之文（géno‐texte）、文际关系特性（inter‐textualité），都得归功于朱莉娅·克里斯蒂娃。①

就是说我们今天所熟悉的意指实践、生产力、成义过程、现象文本、生殖文本、互文性等概念，都离不开克里斯蒂娃的开创，它们也共同构成了克里斯蒂娃理论的核心。

第二节　具有主体维度的复量符号学

克里斯蒂娃关注东方思维中的异质性语言学资源，从而看到语音中心主义以外的意指过程（比如，汉字作为一种"徽标"的特征，并不能被语音中心主义解释）；关注"肢体动作"打开的符号内部的陌异性维度，由此进一步批判了传统符号学的局限性。她发现的"意指"之下的"指代"维度，"符号/文本"之下的"文/意指实践"的维度，都要求其

---

① ［法］罗兰·巴特：《文之悦》，屠友祥译，上海人民出版社，2002，第90-91页。

在更具普遍性的符号学重建中进行更为清晰地界定。克里斯蒂娃所要建立的符号学，是超越结构主义化"文本"的，是一种更为动态化的"意指实践的过程"，这就涉及具有主体维度的"复量符号学"（une sémiologie des paragrammes）的建构。在此重建符号学的过程中，她命名了"符号态"（le sémiotique）和"符义分析"（sémanalyse）。

更准确地说，克里斯蒂娃批判了传统符号学研究对象的狭隘，重新确定了符号学需要研究的对象："不仅是话语（discours），符号学现在设定的研究对象包括它视为超语言的各种符号实践，意即经由语言产生，又不能化约为现如今它被指定的范畴。"① 即：克里斯蒂娃研究的符号学，"不是完全被包含、容纳在语言学内部的，而是提出既和语言学重叠又超出语言学的东西，所以被命名为超语言学"②。所谓的超语言，在克里斯蒂娃建立的"复量符号学"（une sémiologie des paragrammes）中，意味着贯穿结构主义所关注的文本，从而关注到文本之外还有一个"文"的世界。批判了"0—1"的局限性，也就揭示了"0—2"的复量。

一、建立复量符号学

复量（paragramme）这一概念是索绪尔在《普通语言学教程》里提到的又一个重要概念，它也是巴赫金"复调"概念的前身。但这一概念并未在《普通语言学教程》中得到充分论述。就中国学界而言，也未能准确理解。《符号学历险》中，李幼蒸先生将其翻译成"副语法"③ 是欠妥当的。也有译者只是从语言学层面理解，将其译为"扩句"，缺乏符号

---

① Julia Kristeva. *Sémiotikè*：*Recherches pour une sémanalyse*. Paris：Editions du Seuil, 1969. p. 53.

② ［日］西川直子：《克里斯托娃：多元逻辑》，王青、陈虎译，河北教育出版社，2002，第 27 页。

③ ［法］罗兰·巴特：《符号学历险》，李幼蒸译，中国人民大学出版社，2008，导论第 5 页。

学意义上的广度和深度。《符号学：符义分析探索集》的译者史忠义先生认为更合适的译法是"复量"。张智庭（怀宇）对克里斯蒂娃的符号学思想也有自己的理解：

> 集中在"意指活动"（signifiance）概念上。以此为纲，就可以把她的全部论述联系起来。与"意指"（signification）不同，"意指活动"是指对文本所呈现的每一处都作词源学、形态学、句法学、转换生成语法、精神分析学，甚至是与其他文本之间关系的联想，而且读者的各种能力也在其中起着重要的作用，因此读者也成了意义的生产者。这样做，就必须把每一个被分析单位看作是"复变单位"（paragramme）。①

克里斯蒂娃超越结构主义符号学的努力，就是要建立一种复量符号学。

另外，她还区分了两种符号学：一种基于0—1序列的科学方法的逻辑系统（例如：真—假，虚无—存有）；另一种是解释诗性语言运作的0—2序列的诗性逻辑（复量、复调）。诗性语言这一概念借自于雅各布森（Roman Jakobson），克里斯蒂娃用它指的主要是复调小说文本。她把20世纪的陀思妥耶斯基、乔伊斯、普鲁斯特等人的作品都视为这一类别。但实际上二者之间又有着根本的区别。"19世纪末发生了断裂：拉伯雷、斯威夫特和陀思妥耶夫斯基的小说停留在再现和虚构的层面，但20世纪的复调小说变得不可读（如乔伊斯），更加专注于语言探索（如普鲁斯特和卡夫卡）。不仅仅在文学方面，整个社会、政治和哲学领域都发生了断

---

① 张智庭、张颖：《法国符号学面面观》，《符号与传媒》2016年第2期，第211-216页。

裂，互文性就是在这样的背景下出现的。"① 所谓的"1"，象征着关于"真理"唯一的"定义"，它意味着一种"规定性""符号""意指"；然而诗性逻辑是另一种逻辑，它脱出了"1"的法则，成为一种"复量"（也就是"2"）的符号逻辑。在克里斯蒂娃的《词语、对话、小说》（*Mot, dialogue et roman*）这一名篇中，她认为上帝、律法和定义代表"1"，而现代逻辑是由"0—1"构成的。这里的"1"都代表着权威和不可逾越，其意义具有唯一性和排他性，也就是巴赫金意义上的独白式的话语，而不是复调话语。独白式话语的主要特征在于"从一种零所代表的无意义转化成某一种特定的绝对的具体含义"②。科学逻辑和诗性逻辑，对于符号学最小单位的关注存在一个关键区分：诗性逻辑关注诗性语言（非科学语言）的双重性特征，而科学逻辑则忽视双重性，只在线性划分里讨论符号问题。然而，对双重性的关注，恰恰能够引导科学逻辑意识到自身的局限。

关于"0—2"的逻辑规则，克里斯蒂娃的复量建构得益于巴赫金狂欢话语研究中的双重性特质。巴赫金强调有必要特别讲一下狂欢式形象的两重性本质。

> 狂欢式所有的形象都是合二为一的，它们身上结合了嬗变和危机两个极端：出生与死亡（妊娠死亡的形象），祝福与诅咒（狂欢节上祝福性的诅咒语，其中同时含有对死亡和新生的祝愿），夸奖与责骂，青年与老年，上与下，当面与背后，愚蠢与聪明。对于狂欢式的思维来说，非常典型的是成对的形象，或

---

① Toril Moi. *The Kristeva Reader*. Oxford：Basil Blackwell, 1986. p. 42.
② 张颖：《从对话到互文性：回应克里斯蒂娃》，《符号与传媒》，2011 年第 2 期。

是相互对立（高与低，粗与细，等等），或是相近相似（同貌与孪生）。①

克里斯蒂娃《词语、对话和小说》一文中，继承索绪尔和巴赫金的符号学观点认为：

> 符号（能指—所指/sa-sé）的概念源自一种科学抽象（同一性［identité］—实体［substance］—原因［cause］—目的［but］，印欧语句的结构），指示一种垂直的、分层级的线性切分。双重体（le double）的概念则来源于对诗性语言（非科学语言）的思考，指示一种文学（语言）序列的"空间化"和关联。它意味着诗性语言的最小单位至少是双重的（不是在能指/所指的二元对立的意义上，而是在"一者"与"他者"［une et autre］的意义上），它让我们想到，诗性语言运作模式是图表式的（modèle tabulaire），图表中的每个"单位"（从此这个词语只能加引号使用了，因为任何单位都是双重的）都如同一个由多元决定的顶点（sommet）发挥作用。②

除此之外，苏联著名学者普洛普（Vladimir Propp）在《故事形态学》中提出利用 31 个功能代码为民间故事编制图表的观点也被借鉴。由此，克里斯蒂娃建立在索绪尔复量基础上的复量符号学也呼之欲出了。

从"0—1"到"0—2"的复量符号学中，克里斯蒂娃不同于罗兰·

---

① ［苏联］米歇尔·巴赫金：《巴赫金全集（第5卷）》，钱中文主编，白春仁、顾亚铃译，河北教育出版社，1998，第165页。
② Julia Kristeva. *Sémiotikè*：*Recherches pour une sémanalyse*. Paris：Editions du Seuil, 1969. p. 89.

巴特对大众文化的关注，而是将符号学的目光聚焦在文学、诗性语言上。可以说，克里斯蒂娃的复量符号学，正是一种围绕着诗性文学的符号学。因此，当罗兰·巴特关注从虚无主义（"0"）中看到散逸的东方思维，从而逃脱局域的意识形态（"1"）时，克里斯蒂娃关注的却是如何从虚无（"0"）中创造性地发现复量的（"2"）、诗性的法则。文学成为人们获得自由的中介。克里斯蒂娃的观点是："在文学文本中，'0'是不存在的，虚无转瞬间被'1'（他，专有名词）取代，这个'1'其实是'2'（主体与受话者）。正是受话者、他者、外在性（它的叙述主体构成对象，同时它既是被表现者也是表现者）将主体转变成作者，就是说，是它让叙述主体经过作者所构建的零度、否定、排斥阶段。"① 叙事的凸显，超越了能指/所指的一般关系，成为一种互文的、主体/受话者之间的对话。

　　从叙事的角度看，"0—1"和"0—2"的符号学区分体现在文学叙述类型上，也就是独白话语和对话话语的区分。克里斯蒂娃结合巴赫金的话语研究，对独白话语和对话话语进行了区分：独白话语"包括：描写和（史诗）叙述的再现方式；历史话语；科学话语"。在这三种话语中，"主体承担（1）（上帝）的角色，并通过同样的方法顺从丁上帝；内在于任何话语的对话性被禁忌、审核所抑制，以至于该话语拒绝反观自身（拒绝'对话'）"。对话话语，即"狂欢式话语；梅尼普式话语；（复调）小说话语"。在上述这些话语结构中，"写作阅读另一写作，亦阅读自身，并在破坏性的生成中构建自身"②。独白话语和对话话语的明确区分，暗含了主体维度对文本维度的弥补，从而使得原先的能指/所指框架显得颇为拘束。

---

① Julia Kristeva. *Sémiotikè*：*Recherches pour une sémanalyse*. Paris：Editions du Seuil, 1969. p. 95.

② Julia Kristeva. *Sémiotikè*：*Recherches pour une sémanalyse*. Paris：Editions du Seuil, 1969. pp. 97-98.

二、对巴赫金对话理论的继承和发展

巴赫金的对话理论是"互文性的灵感来源和理论基础"①。对话性"产生于她（克里斯蒂娃）对巴赫金'对话主义'的阅读，她认为，对话是主体文本与接受者文本之间的永无休止地交换，由此她的一个重要概念'文本间性'得以成形"②。

1967 年，克里斯蒂娃在《批评》（Critique）杂志上发表著名论文《巴赫金：词语、对话与小说》（Bakhtin：Mot，dialogue et roman），这篇论文开篇就将诗性语言研究的地位抬到了回应人文科学研究的科学性层面。另外，它还将巴赫金理论带到了法国。自此法国知识界才开始将巴赫金的话语理论视为一种具有先锋性的文学理论。不过在这个探究诗性语言极限的过程中，克里斯蒂娃认为巴赫金代表了"最卓著的成果及最强有力的超越"："他（巴赫金）的研究之所以成为这项运动最显著的成果之一，正是在于他超越了极限。和其他语言学家不同，巴赫金并不追求技术上的精确，而是挥舞着他受强烈情感驱使的先知的笔，承担起目前叙述学中结构分析的一些基本问题。"③ 巴赫金不拘一格，抛开语言学家们的专业技术规范，他的写作文思泉涌，甚至带有预言性。他触及了当今叙事结构研究所面对的种种根本性问题，而这使得他在大约四十年前所构拟的文本阅读具有了当下意义。但是，巴赫金在美国和加拿大等

---

① Karine Zbinden. *Du dialogisme à l'intertextualité*：*une relecture de la réception de Bakhtine en France*（1967—1980）. In *Entre Russie et Europe*：*itinéraires croisés des linguistes et des idées linguistiques*，No 17，2003.

② ［斯洛文尼亚］波拉·祖藩茨·艾埃塞莫维茨：《符号与象征的辩证空间——朱莉娅·克里斯蒂娃美学思想简论》，金惠敏译，《南阳师范学院学报》，2004 年第 4 期。

③ Julia Kristeva. *Sémiotikè*：*Recherches pour une sémanalyse*. Paris：Editions du Seuil，1969，pp. 82-83.

英语世界的传播者克里夫·托马森（Clive Thomson）认为，克里斯蒂娃对巴赫金的赞扬有些夸大，实际上，巴赫金在法国的接受度并没有达到克里斯蒂娃的著述中所宣称的那个高度。① 事实也的确如此，比起在英语世界受到的追捧，巴赫金理论在法国的受重视程度是远远没到与其重要性匹配的程度的。

国内学者在比较索绪尔和巴赫金时，认为二者最大的理论区别就在于巴赫金坚持文学性：

> 仅依赖索绪尔的符号学，尚不足以理解文学作品中符号的生命力。文学系统和语言系统相关却又不同。文学作者写作，不仅从语言系统里选用词句，还要从过去的文学作品和文学传统中选用情节、人物原型、喻说意象、叙述的方法、文学类别特征，以及某些词句。文学策略和形式的变化形成的历史和传统，代表着文学性。②

这样的理解，无疑割裂了巴赫金和索绪尔的继承关系。其实，只有在索绪尔开拓的诗性空间里，巴赫金才能获得历史脉络中具休的文学性。没有普遍性奠基的文学性，不能成为真正意义上的诗性理论，只能流于程式。

克里斯蒂娃开创的互文性理论的直接来源是巴赫金的对话理论，这在《巴赫金：词语、对话和小说》一文中已表露无遗。不过，像法国的绝大多数理论家一样，克里斯蒂娃标榜自己的思想来源于巴赫金，但实际上在整个文章中却并没有对巴赫金作品的直接引用，而是对巴赫金的

---

① Karine Zbinden. *Du dialogisme à l'intertextualité*：*une relecture de la réception de Bakhtine en France*（1967—1980）. In *Entre Russie et Europe*：*itinéraires croisés des linguistes et des idées linguistiques*，No 17，2003.

② 童明：《西方文论关键词：互文性》，《外国文学》2015年第3期，第86-102页。

理论进行了一定的提炼和改写。"巴赫金对我的启发主要体现为使我的文本分析实践不拘泥于语言系统或结构。"① 其改写的方式，是建立横纵坐标轴："在书籍（livre）的话语世界中，接受者仅仅作为话语本身被包含在内。因此，他与作者写作自己文本时的另外一种话语（另外一本书）交融在一起；以至于水平轴（主体—接受者）和垂直轴（文本—语境）便重合了。……此外，在巴赫金那儿，这两条分别被定义为对话性和双值性的轴线并未得到明晰地区分。"②克里斯蒂娃设定的横坐标是"主体—接受者"，即主体维度；纵坐标是"文本—语境"，即指示过程。一个接受者也可以同时是一个写作主体，反之亦然，那么主体本身就具备着变动性。将这种"过程中的主体"（sujet en procès）引入"历时中的指示过程"，便可以视为克里斯蒂娃对巴赫金理论的符号学转化。

那么，克里斯蒂娃所谓的巴赫金关于"对话性"和"双值性"轴线的模糊性何在？这涉及赫金关键性的"复调"概念。巴赫金在《陀思妥耶夫斯基的诗学问题》中通过对小说的理论剖析，指出了陀思妥耶夫斯基长篇小说的基本特点，提出了著名的复调概念："有着众多的各自独立而不相融合的声音和意识，由具有充分价值的不同声音组成真正的复调。"③ 在陀思妥耶夫斯基的小说中，多种话语为自身争得了同等的重要性："主人公对自己、对世界的议论，同一般的作者议论，具有同样的分量和价值。主人公的话不是作为刻画性格的手段之一，而附属于客体性的主人公形象，可却也不是作者声音的传声筒。"④ 这种独立于作者议论

---

① ［法］朱莉娅·克里斯蒂娃：《主体·互文·精神分析——克里斯蒂娃复旦大学演讲集》，祝克懿、黄蓓编译，三联书店，2016，第192页。

② Julia Kristeva. *Sémiotikè：Recherches pour une sémanalyse*. Paris：Editions du Seuil, 1969. p. 84.

③ ［苏联］米歇尔·巴赫金：《巴赫金全集（第5卷）》，钱中文主编，白春仁、顾亚铃译，河北教育出版社，1998，第4页。

④ ［苏联］米歇尔·巴赫金：《巴赫金全集（第5卷）》，钱中文主编，白春仁、顾亚铃译，河北教育出版社，1998，第5页。

的声音，本身就是一个直抒己见的主体，它的加入使得小说远离了"基本上属于独白型（单旋律）的已经定型的欧洲小说模式"①。这种独白型和单旋律特征的符号实践，在克里斯蒂娃的视野中，是属于"0-1"式的符义实践，而她要建立"0-2"的符义实践。

巴赫金认为："假如陀思妥耶夫斯基的性质迥异的材料展开在一个统一的世界里，从属于作者统一的独白型意识，那样，将互不相容的材料融为一体的任务就不可能完成了，陀思妥耶夫斯基也便成了一位不高明的、没有风格的艺术家。"② 如果这是事实，那么巴赫金的研究就没有了意义，"如果用独白的观点来理解情调，那么陀思妥耶夫斯基的小说，就是多色调的小说，包含着相互矛盾的褒贬；在他的作品中，每个字里都交织着互相矛盾的色调"③。这就是巴赫金对对话性的注解：互相矛盾的多色调。简言之，"对话性"是反抗"0—1"式符义实践的一种文学特征。这种反抗"0—1"的努力，在主体维度可以称为"对话性"；在意指实践的复杂性维度可以成为"双值性"。但是，"双值性"的概念容易引发误解，因为意义的相歧并不是复量符号学首要考虑的问题。

首要的问题是"共处"，这就是巴赫金含糊的地方，也是克里斯蒂娃复量符号学清晰道明之处。克里斯蒂娃概括的"双值性"，涉及的是巴赫金所观察到的"陀思妥耶夫斯基艺术观察中的一个基本范畴，不是形成过程，而是同时共存和相互作用"④。也就是说，克里斯蒂娃对"双值性"的理解，首先在于"一切都是同时的，一切都在共处之中"，其次才

---

① ［苏联］米歇尔·巴赫金：《巴赫金全集（第5卷）》，钱中文主编，白春仁、顾亚铃译，河北教育出版社，1998，第6页。

② ［苏联］米歇尔·巴赫金：《巴赫金全集（第5卷）》，钱中文主编，白春仁、顾亚铃译，河北教育出版社，1998，第18页。

③ ［苏联］米歇尔·巴赫金：《巴赫金全集（第5卷）》，钱中文主编，白春仁、顾亚铃译，河北教育出版社，1998，第18页。

④ ［苏联］米歇尔·巴赫金：《巴赫金全集（第5卷）》，钱中文主编，白春仁、顾亚铃译，河北教育出版社，1998，第37页。

是它以这样的方式呈现歧义的统一。正因为如此，我们无法对陀思妥耶夫斯基的小说加以独白化理解。也就是可以说，"对话性"和"双值性"都是巴赫金用以抵抗"独白化"理解的概念，它们是相互关联的。

然而，克里斯蒂娃认为可以进一步对这两个概念做理论区分。因为巴赫金提出"复调小说""对话性""双值性"等概念，立足点都是多种主体声音的"共处"，因而其关注的根本之处乃是"主体间性"。而克里斯蒂娃将"主体间性"问题放在了符号学内部来考虑，进而提出了"互文性"。所以，克里斯蒂娃提出"巴赫金的对话理论认为写作既是一种主体性，又是一种交际性，或者更确切地说，是一种互文性。面对这一对话理论，'人——写作的主体'的概念开始变得模糊，让位于'写作的双值性'"①的观点时，她已经将巴赫金的相关理论内化为自己理论的"骨骼"。在克里斯蒂娃这里，"对话性"侧重的"主体间性"问题，本身就可以被理解为一种文本理论。如此，"双值性"就可以统摄"对话性"，从而将"主体间性"问题转化为文本间性问题。这就是克里斯蒂娃对巴赫金对话理论的"互文化"改造。

而且，相比于巴赫金侧重的小说研究，克里斯蒂娃更侧重"诗性文本"。她认为："巴赫金的对话理论这一术语作为法语语义复合体包含着双重性、语言和另一种逻辑。文学符号学可以采纳该术语。由此出发，产生了一种新的研究诗性文本的方法。"② 她提出对话理论包含的逻辑同时是：1. 句子或叙述结构不同的词语之间的距离和关系的逻辑，指的是一种变化——与遵循本体逻辑的，被命名为"独白的持续性"和"实质层面对立"；2. 一种类似和无排他性的对立的逻辑，与因果性和身份决定论的层面对立，被命名为"独白"；3. 一种超限逻辑，这个概念来自德

---

① Julia Kristeva. *Sémiotikè*：*Recherches pour une sémanalyse*. Paris：Editions du Seuil，1969. p. 88.

② Julia Kristeva. *Sémiotikè*：*Recherches pour une sémanalyse*. Paris：Editions du Seuil，1969. p. 92.

国数学家、集合论的创始人康托尔（Cantor），该逻辑在（"0—2"的）诗性语言的"连续体能量"基础上，引入第二种形成原则（formation），即：诗歌序列"直接胜过"（而非因果演绎）所有先于亚里士多德式链条（科学的、独白的、叙述的）的序列。由此，克里斯蒂娃越过了"1"，通过"复量"的存在，建构了一个"0—2"的诗性空间。问题在于，亚里士多德的"链条序列"真的是一种独白吗？以下我们对此问题做一番探讨，会发现这其实是克里斯蒂娃理论的瑕疵所在。

三、对亚里士多德的误读

克里斯蒂娃的符号学理论中，以"0—1"的形式来解读亚里士多德的思想。这是克里斯蒂娃"复量符号学"建构中的一个瑕疵。她认为："诗歌序列直接胜过（而非因果演绎）所有亚里士多德式链条（科学的、独白的、叙述的）之前的序列。"[①] 也就是说，在诗性语言的"连续体能量"基础上，引入的第二种形成原则并不属于亚里士多德式的"链条序列"，两者构成一种优-劣的对立关系。她暗示亚里士多德的想法属于链条序列化的"编纂的话语"，即一种单一决定的逻辑话语。她将亚里士多德的思想误解为"0—1"，这样就凸显将复调小说阐释为"0—2"的特征。

克里斯蒂娃的误解在于，就连亚里士多德《诗学》中对诗术的描述，也对诗术能否直接通过链条序列来表达"1"（真理独白）产生深刻质疑。亚里士多德本人并不认可诗术具备这种表达"1"的能力。就算在是否存在以及是否需要朝向"1"的问题上，他似乎也和克里斯蒂娃意见相左。然而，《诗学》所呈现的诗术也表达了某种无法直接"独白"的内在特征，其本身并不与复调、狂欢话语所代表的越过"1"（独白）的特

---

① Julia Kristeva. *Sémiotikè*：*Recherches pour une sémanalyse*. Paris：Editions du Seuil, 1969. p. 92.

征相矛盾。相反，亚里士多德的《诗学》或许还与克里斯蒂娃符号学中的"0—2"模式（即复量符号学）有相通之处。

《诗学》年代久远，已经难觅原本踪迹，而且其又是一部内传作品，因此给后代在版本的发掘及阐释上带来诸多困难。但是它的重要地位吸引了众多学者不断致力于该作品的校勘。历来关于《诗学》的各个版本及校勘都不断推进了《诗学》研究。例如，德国学者卡塞尔（R. Kassel）的希腊文编本于1965年问世后一度被视为学界定本。实际上，晚近的新译本仍在吸纳最新的校勘成果，美国学者戴维斯（Michel Davis）在他2002年的译文中纠正了卡塞尔的一些错误。《哲学之诗：亚里士多德〈诗学〉解诂》这本书，就是戴维斯对《诗学》最新的疏解训诂之作。

戴维斯认为："诗艺各种各样的样式或种类只有在诗艺为其技艺的不同诗中才能看到。……诗艺因其自身即为对象，虽然实际上只是次要事物，却显得变成了首要之物。"① 貌似戴维斯认为诗是主要事物，但诗本身不能彰明自身，必须诉诸诗艺制作，则作为主要部分的诗要通过次要部分的诗艺加以显现，因此次要部分便上升为主要部分，因此诗艺就上升为首要性的。而诗艺隐藏在自身的种类如悲剧、史诗等各种技艺中，悲剧与史诗就是主要部分显现出的两类形态，由此分析他们的制作技艺，来显现出诗，因此讨论悲剧和史诗等就成为《诗学》的重要命题。诗艺是"对诗的部分整合到一起"的事物的分析或者拆解，分析其如何"美地或高贵地"整合到一起，即：史诗或者悲剧如何将自身各部分"整合到一起"就成了《诗学》的重心，因此《诗学》就是带着"写作作坊面具的、文学的哲学"②。这种自我"次要性"的修辞学认知，与克里斯蒂娃所强调的"复量"概念不谋而合。

---

① ［美］戴维斯：《哲学之诗：亚里士多德〈诗学〉解诂》，陈明珠译，华夏出版社，2012，第8页。
② ［美］戴维斯：《哲学之诗：亚里士多德〈诗学〉解诂》，陈明珠译，华夏出版社，2012，第9页。

克里斯蒂娃可能误解了亚里士多德对"情节整一性"的强调，将其误认为是一种"真理"（1）的执着意志。然而，"情节整一性"并非是这种意志。戴维斯认为，亚里士多德的这个概念可以从三个角度阐释。其一，事件要完整，就是说情节要完整自足，即开头具备独立性与启下功能，结尾只是中段发展的必然结果，不再启下。其二，事件要严密，各部分都是如此严密，每个事件都由上一事件必然发展而来，又必然发展到下一事件，没有情节之外的偶然性，是一个因果关系紧密的情节链条，任何一环都逻辑分明，环环相扣，不能挪动和删减。其三，事件要有一定长度，亚里士多德这里说明的是情节的最佳分量问题，每个情节和情节的长度与排列次序有关，而情节的长度及排列的次序遵循可能发生和必然发生的原则，戴维斯将其总结为悲剧行动的双重标准：看似如此和必然如此。① 情节之所以重要，原因在于亚里士多德认为"悲剧乃是对生活的模仿，只有通过灵魂所展开的行动我们才能更懂自己的灵魂，因此悲剧所有其他的成分对于情节都是工具性的，他们服务于对行动的模仿"②。所以，在亚里士多德这里，现实行动本身构成了一种真实情节，而悲剧情节是对真实情节的模仿而非复制，是基于现实可能性却并不需要遵循现实本身的一种模仿。在这种"像而又不是""模仿而又不是"的悲剧空间中，亚里士多德建构的仍然是一个诗性的空间。

克里斯蒂娃借鉴索绪尔对"paragramme"的研究，认为："索绪尔诗歌语言的回文构词法（anagrammes）③ 从'0'扩展到'2'，这种被定义为真理的'1'在这个领域并不存在。"这一观点就类似于戴维斯阅读亚

---

① ［美］戴维斯：《哲学之诗：亚里士多德〈诗学〉解诂》，陈明珠译，华夏出版社，2012，第75页。

② ［美］戴维斯：《哲学之诗：亚里士多德〈诗学〉解诂》，陈明珠译，华夏出版社，2012，第64页。

③ Julia Kristeva. *Sémiotikè：Recherches pour une sémanalyse*. Paris：Editions du Seuil, 1969. p. 89.

里士多德《诗学》所体会到的"次要"性质："所有行动都是行动之模仿，这是诗（性）的。""诗的首要事物就是模仿（即次要事物）。"因此，诗便是在模仿。这似乎是个悖论，"但这却是个不容易解决的悖论"①。保罗·利科（Paul Ricoeur）在《活的隐喻》中为我们提供了一个有力的补充，他指出："亚里士多德说过：'建构贴切的比喻就是发现相似性。'因此，我们应该把相似性本身理解为由语义更新推动的述谓活动之中的同一性与差异性之间的紧张关系。"② 其实，亚里士多德所言的"相似性"，正是"复量"的另一种表达，他们都反对将其概念单一化理解为独白。

于是，我们可以得出结论，克里斯蒂娃在建构自己的理论时，对亚里士多德的批判有些草率，但这并不影响其理论建构。因为相似性所撑起的张力空间，就是"0—2"诗性话语建构的一个原则。克里斯蒂娃所认为的"诗性语言的最小单位至少是双重的（不是在能指/所指的二元对立的意义上，而是在'一者'与'他者'（une et autre）的意义上）"③，为亚里士多德所说的"建构贴切的比喻就是发现相似性"的另一种表达。

四、用主体维度弥补结构主义

虽然，克里斯蒂娃对亚里士多德思想进行了"0—1"式的误读，不过这个"0—1"的模式却适合于对结构主义符号学的理论反省。我们可以在经验层面的音乐语言中由浅入深地感受到非言说、非象征的意指实践；其后，弗洛伊德的驱力理论提供的参照使得结构主义不得不正视自身的内在缺陷。那么，我们不禁要问，结构主义的内在缺陷是什么？"结

---

① ［美］戴维斯：《哲学之诗：亚里士多德〈诗学〉解诂》，陈明珠译，华夏出版社，2012，第13页。

② ［法］保罗·利科：《活的隐喻》，汪堂家译，上海译文出版社，2016，第4页。

③ Julia Kristeva. *Sémiotikè：Recherches pour une sémanalyse*. Paris：Editions du Seuil，1969. p. 89.

构主义思想很复杂，但它的基本特征是非个人化和非历史化。"① 有学者如是总结道。因此，我们得出的答案就是结构主义忽视了主体本身的复杂性，而预设了一个单质的"自我"。主体深刻地介入了符号运动的过程之中，而且主体自身也是一个"过程主体"（sujet en procès）。克里斯蒂娃非常看重主体的地位，她试图要改造主体。而"过程主体"理论的目的就是要把无意识融入语言理论："文本分析不应该仅仅局限于明确其来源，而是应该理解成所处理的言说主体的特定状态……主体通过将自己置于不同水平的文本……我将主体性理解成一个万花筒，命名为'过程主体'。"② 没有这个主体维度的加入，结构主义的内在缺陷便无法弥补。这一过程主体理论构成她论述中的一个持久的主题，尤其是在其精神分析实践中将得到展露。

在克里斯蒂娃看来，大多数情况下，同一意指过程往往存在着符号态（le sémiotique）与象征态（le symbolique）两种模态（deux modalités）。符号态指的是意义的"符号性生成"，它是前语言的，有冲动，有情感，有感觉。"象征态则指意义的'象征性生成'，它是语言的，有文字符号，有语法。两者相比较，前者更富有感性，更富有冲动，更接近弗洛伊德的无意识。"③ 后者是"语言符码化交换的作用，即语言学家所称的所指（dénotatif），换言之就是它的简单意义"④。克里斯蒂娃对这两种模态进行了更为具体细致地解释，它们"在构成语言的成义过程中是不能分割的，二者的辩证关系定义了话语的各种类型（叙述、元语

---

① 南帆、刘小新、练署生：《文学理论》，北京大学出版社，2016，第29页。

② Ross Mitchell Guberman（ed.）. *Julia Kristeva in person*，*Julia Kristeva Interviews*. New York：Columbia University Press，1996. p. 190.

③ ［法］克里斯蒂娃、黄蓓：《女性天才三部曲：阿伦特、克莱因、柯莱特》，《福建师范大学学报（哲学社会科学版）》2015年第4期，第44-52页。

④ ［法］朱莉娅·克莉斯蒂娃、纳瓦罗：《思考之危境：克莉斯蒂娃访谈录》，吴锡德译，麦田出版社，2005，第144页。

言、理论、诗歌等），就是说，即所谓的'自然'语言接纳符号态和象征态两种模态的种种表述（articultaion）模式；从另一方面说，存在非言语的意指系统，它们只由符号态构成（例如音乐）"①。就是说，在克里斯蒂娃看来，所有的语言都存在"符号态"和"象征态"这两个层级，只不过，在某些语言经验中，对于某个层级会更加重视。例如，从音乐的经验出发，克里斯蒂娃认为在音乐是一种非言语的意指系统，它只建构在符号态的基础之上，而不涉及象征态的领域。音乐之外的其他意指系统中，如果是告知性的论述，就更倾向于象征态；而如果是文体、诗体或风格化的散文，就倾向于符号态，因为它绘声绘色，又抑扬顿挫。关于这两种模态的区分，克里斯蒂娃"不带有任何政治的和女权主义的意图，之所以这样进行区分是为了尝试将意义理解为'过程'或'进程'，而不是'结构'"②。简言之，符号态和象征态是同一成义过程（procès de signifiance）中的两种不同的模态。

克里斯蒂娃认为音乐是符号态的非言语的意指系统。音乐的例子尚属于经验，在理论上无法关联于主体问题。而克里斯蒂娃的符号学，主要是从弗洛伊德的精神分析学主体中得到启迪，从而越出传统的结构主义符号学范畴。

关注主体的过程与符号运动的关联，首先要讨论驱力理论。弗洛伊德的驱力理论，讨论了一种对驱力的结构化"配置"（disposition）和"易化"（frayage）机制。而克里斯蒂娃将弗洛伊德的驱力理论关联于符号过程。"有限的能量穿过之后将会成为主体的身体，在这一发展过程中，这些能量依照已由家庭和社会结构施加在已经符号化的身体上的不同束缚进行配置。"③ 这个过程揭示了"驱力理论包括了前俄狄浦斯阶段

① Julia Kristeva. *La Révolution du langage poétique*. Paris：Editions du seuil, 1974. p. 22.
② ［法］朱莉娅·克里斯蒂娃：《反抗的未来》，黄晞耘译，广西师范大学出版社，2007，第 102 页。
③ Julia Kristeva. *La Révolution du langage poétique*. Paris：Editions du seuil, 1974. p. 23.

的符号功能，以及连接、引导与母亲之间关系的能量释放"①。她借助弗洛伊德的驱力理论，探讨的是意指系统的两种模态，尤其是符号态的意指过程。驱力概念关联着一种精神分析学意义上的主体概念，这种主体不是一个具有理解力的主体，而是在此之前具有前象征功能的主体。不过，此主体并非是拉康意义上的象征界主体，而是在克里斯蒂娃理论中尚未生成主体统一性的主体，它在"子宫间"（chora）② 呈现着负荷和停滞的状态。

　　研究者已经认识到，在克里斯蒂娃的符号学中，主体概念与符号态有着紧密的关联。正如她自己所言：

　　　　显而易见，我们对符号态的立场与考虑弗洛伊德无意识观点的主体理论不可分割。将先验的自我（L'ego transcendant）偏离、切割，并且打开一个辩证的空间，在其中，对句法和范畴的理解（entendement）只是该过程的开端，它（这一主体）总是由死亡驱力控制与他者的关系以及能指的创造性的重复发挥作用：这就是语言中的主体呈现给我们的。③

　　所谓"先验的自我"是一个笛卡尔式的自我，其主要特征是自我的完整性、统一性。然而，语言中的主体虽然具有完整性的一面，但同时也具有尚未统一的负荷和停滞状态的一面。那么，符号学就不应该仅仅考虑静态的（即完成状态的）句法和范畴，而应该将一个"过程中的主体"纳入符号学的考虑之中。伴随着过程主体具备的非统一性动态特征，符号态的空间也呼之欲出了。

---

① Julia Kristeva. *La Révolution du langage poétique*. Paris：Editions du seuil，1974. p. 24.
② "子宫间"概念将在第二章中进行阐释。
③ Julia Kristeva. *La Révolution du langage poétique*. Paris：Editions du seuil，1974. p. 30.

　　而如果没有弗洛伊德、克莱因、拉康的精神分析学铺垫，克里斯蒂娃的符号学将无法跳出简单的句法研究。而句法研究对象预设了一个"先验的自我"，只看重语言的单一层面和统一性层面，却忽视了其中的主体问题。通过这种精神分析学的反思，克里斯蒂娃超越了结构主义符号学，在越过结构主义之后，符号学会怎么样？克里斯蒂娃的回答是：此符号学与主体相关。于是，她转向了对意指实践和符号态的研究。这种过渡呈现出从单一性到复杂性的特征，因为精神分析学的主体总是在符号态和象征态共存的拓扑空间之中。拓扑空间里，"有运动着的身体，有界线、边境和障碍，是人们出入起居的可被无限勘察的所在"①。这个诗性的空间，使得克里斯蒂娃的符号学具有一种解放的能力，一种主体内在本有的反抗性。在将主体维度纳入符号学之后，我们终于可以揭示之前只关注句法和范畴层面的结构主义符号学所具有的内在缺陷了，其中最根本之处在于"先验的自我"统一性的错觉。只有与这种"先验的自我"进行切割，新的符号学才能诞生。

　　归根到底，传统的语言学在克里斯蒂娃这里被归纳为"0—1"模式，而新的符号学是一种"0—2"模式的复量符号学。因为这种复量符号学真正的基础，乃在于主体，乃在于生命，所以，克里斯蒂娃的符号学不仅可以称为是"复量符号学"，也可以称为一种"生命诗学"。只有这种内在具有丰富性的诗学、具有主体维度的符号学，才能具有革命性的人文力量。

---

　　① ［法］高概：《话语符号学》，王东亮编译，北京大学出版社，1997，第6页。

第三节 被误读的"互文性"

互文性（intertextualité）是克里斯蒂娃早期的一个原创性概念。自 20 世纪 60 年代提出以来，她也在不断丰富着这个概念的内涵。根据上海外国语大学刘斐的研究①，这一理论于 20 世纪 80 年代传入中国。最早介绍克里斯蒂娃及互文性的张隆溪，他发表于《读书》1983 年第 12 期的文章《结构的消失——后结构主义的消解式批评》，已经显现出了对于互文性理论"较为深入的认识"，并且还把它与中国的"用典"进行对比，认为可以帮助我们更好地理解互文性。在张隆溪看来，"由于一篇作品里的符号与未在作品里出现的其他符号相关联，所以任何作品的文本都与别的本文互相交织"②。这就是他对克里斯蒂娃"任何作品的本文都是像许多引文的镶嵌品那样构成的，任何文本都是其他本文的吸收和转化"③的注解。

互文性理论在法国的最初传播得益于罗兰·巴特，他曾为《通用大百科全书》撰写三万字的《文本理论》词条来介绍互文性。罗兰·巴特在开篇处写道：

文本的定义主要是由朱莉娅·克里斯蒂娃出于认识论的目

---

① 刘斐：《三十余年来互文性理论在中国的传播与发展》，《当代修辞学》2013 年第 5 期，第 28-37 页。
② 张隆溪：《结构的消失——后结构主义的消解式批评》，《读书》1983 年第 12 期，第 95-105 页。
③ 张隆溪：《结构的消失——后结构主义的消解式批评》，《读书》1983 年第 12 期，第 95-105 页。

的加以拟定的："我们将文本确定为一种超语言学的机器。它为一种以直接信息为目的的交际话语与各种先时或共时的语句建立联系，以此对语言的范畴进行重新分布。"隐存在这一定义中的主要理论概念都出自朱莉娅·克里斯蒂娃：意义活动、生产力、意义生成过程、现象型文本、基因型文本以及互文性。①

学者秦海鹰教授在《互文性理论的缘起与流变》中梳理了这一概念的发展流变。秦海鹰指出，克里斯蒂娃在1966—1968年这三年间，先后在《巴赫金：词语、对话和小说》《封闭的文本》以及《文本的结构化问题》三篇论文中使用了一个她自己根据几个常用的法语前缀、后缀和词根拼合而成的新词——intertextualité（互文性），并分别给出了以下三种定义：

1. 任何文本的构成都仿佛是一些引文的拼接，任何文本都是对另一个文本的吸收和转换。互文性概念占据了主体性概念的位置。诗性语言至少是作为双重语言被阅读的；2. 我们把产生在同一个文本内部的这种文本互动作用叫作互文性。对于认识主体而言，互文性概念将提示一个文本阅读历史及嵌入历史的方式。在一个确定文本中，互文性的具体实现模式将提供一种文本结构的基本特征（"社会的""审美的"特征）；3. 文本是一种文本置换，是一种互文性：在一个文本的空间里，取自其他文本的各种陈述相互交叉，相互中和。②

---

① ［法］罗兰·巴特：《文本理论》，张寅德译，《上海文论》1987年第5期。
② 秦海鹰：《互文性理论的缘起和流变》，《外国文学评论》2004年第3期，第19-30页。

1968 年，克里斯蒂娃在"语言学与文学"研讨会上分享了题为《文本的结构化问题》的论文，再次提及这一概念。但这次她抛开巴赫金的对话理论，直接阐述了互文性概念。这两篇论文后来被分别收入其理论专著《符号学——符义分析探索集》和"原样"团体的论文集《整体理论》中，从此成为互文性理论的奠基性文章。在此基础上，我们还可以补充克里斯蒂娃后来又给出的一种定义："（互文性）指的是从一个（或多个）符号系统转移到另一个符号系统，但因为这个术语以前经常在某个文本的'来源批评'（critique des sources）的普遍意义上被使用，因而我们更倾向于用移置（transposition）（代替）。"[1] 对同一现象陆续提出不同的定义表明了克里斯蒂娃对该问题的持续关注与思考，彰显了该理论在其理论大厦建构中不可或缺的作用。

谈及互文性，克里斯蒂娃在复旦大学的演讲中说道：

> 文本不再局限于自身，它有了其他向度，包括接受等等。这第二个方向就是我称之为"互文性"的东西，它揭示了某一文本与其前乃至其后文本的对话。互文性理论也使我能够将语言以及所有与意义有关的实践（文学、艺术、电影等）置于文本的历史中，即把它们置于社会、政治甚至宗教的历史中。[2]

就是这样的一个互文性概念，在中西方理论界广为流传，同时也被广为误解。正因为如此，它值得我们进行专门研究。

---

[1] Julia Kristeva. *La Révolution du langage poétique*. Paris：Editions du seuil，1974. pp. 59-60.

[2] ［法］朱莉娅·克里斯蒂娃、祝克懿：《多声部的人——与克里斯蒂娃的对话录》，黄蓓译，《中国社会科学报》2013 年 7 月 26 日，B01 版。

一、对互文性的误读

学界之所以误解"互文性"，主要是因为受到"影响的焦虑"理论模式的干扰，将不属于这一理论的影响接受理论掺入其中。"影响的焦虑"是耶鲁学派批评家、文艺理论家哈罗德·布鲁姆（Harold Bloom）在《影响的焦虑：一种诗歌理论》中提出的概念。理论家以浪漫主义诗歌研究为例，摒弃了文学传统对文学创新有良性推动作用的传统影响观，而是颠覆性地指出自诗人弥尔顿（John Milton）以来，后辈诗人就一直处于焦虑之中。导致这一状况的原因是前辈诗人已经占据了想象力的空间，使得后辈诗人在诗歌创新上受到极大的限制，由此产生强烈的焦虑感。这样的理论阐释无疑是对传统影响（即继承观点）的颠覆。

而我们若想要在中文语境里纠正"互文性"的概念，就要重新做一番说明。首先，这个"互文"的"文"，正是我们在第一章第一节中讨论的来自作为"徽章"和"肢体动作"的"文/意指实践"——只要澄清了这个基础，"互文性"就容易理解了。简而言之，互文性是不同的意指实践之间的关系，而文本符号仅仅是一种象征态的意指实践。因此，文本与文本之间的"互文性"是非常单薄且片面的。"互文性"的意指实践，应该奠基于三个概念之上：（精神分析的）主体、符号态、象征态。要知道，被人误读的"互文性"，往往只考虑象征态的文本意义之间的"互文"。因此，互文性总是与不同的主体、历史、社会、音乐、绘画、政治等相关联，这也就造就了互文性概念本身具有跨学科的属性。仅仅用文本之间的关系来理解"互文性"，是误解了克里斯蒂娃"文"的广泛性。

只有在"主体""符号态""象征态"三个核心概念的基础上，我们才有可能理解克里斯蒂娃的互文性概念取代了"对话"理论和"主体间性"理论。真正理解克里斯蒂娃"互文性"理论的，恰恰是该理论的某些批评者，比如格雷厄姆·艾伦（Graham Allen）。艾伦对克里斯蒂娃"互文性"理论发出如下诘问：

> 互文性是一个历史地形成的术语，还是本质上反历史的？互文性是将文本引向历史，还是更多地朝向文本性？互文性是一个可操纵的术语，还是本质上不可操纵的，它涉及有限或无限，以及意义的多维度？互文性为我们提供了一种知识的形式，还是它摧毁了过去我们所认为是知识的东西？互文性的中心是作者，读者，还是文本自身？互文性辅助了解释的实践，还是抵制了解释的相关概念？①

实际上，克里斯蒂娃在提出这一概念时就已经回答了何为互文性。

> 在巴赫金那儿，他分别称为对话性（dialogue）与双值性（ambivalence）的两个轴没有明显的区别。虽缺乏严谨性，但却是巴赫金最先引入文学理论的一个探索：任何文本的构成都如引文的镶嵌组合；任何文本都是对另一个文本的吸收和转化。互文性取代了文本间性，而诗性语言至少可以被双重（double）解读。②

这里不仅指出互文性的理论来源是巴赫金的对话理论，同时也首次提出了互文性概念。

"（巴赫金）将文本置于历史和社会之中，而历史社会本身也被视为

---

① 童明：《西方文论关键词：互文性》，《外国文学》2015 年第 3 期，第 17 页。

② Julia Kristeva. *Sémiotikè*: *Recherches pour une sémanalyse*. Paris：Editions du Seuil，1969. p. 85.

作家阅读的文本，作家在重新书写这些文本的同时也置身其中。"① 由此看出，巴赫金的话语理论已经预测了"互文性"的方向。因此，互文性的关键就在于继承巴赫金理论逻辑："（诗性词语遵循一种逻辑）这种逻辑超越符码化的话语（discours codifié）逻辑，且仅在官方文化的边缘才能完全实现。"② 由于主体维度、历史维度介入文本，使得巴赫金的"话语"被转化为"互文性"理论时，就已经超出了结构主义化的"文本"理论。因此可以说，巴赫金和克里斯蒂娃的共同逻辑，是超越符码化的话语。如果仅是在符码化的话语样态、僵化的文本内部理解"互文性"，那么这种理解就是南辕北辙的。

二、由《词语、对话与小说》说起

中国学者对"互文性"概念的解读一直存在着根深蒂固的"误解"。在这些误解中，一部分将互文性解释为所谓的"互文阅读""互文写作"，从而削弱了互文性理论本身的颠覆性与革新性。如果不能纠正这种误解，那么互文性这个概念就被庸俗化了，从而容易沦为后现代式的概念游戏而丧失其真正的理论活力。

广为流传的误读，主要的依据是克里斯蒂娃的《词语、对话与小说》一文。国内完整翻译该文的有四个版本，其中李万祥（2011）、张颖（2011）的版本较早，且都译自英语译文，祝克懿（2012）、秦海鹰（2014）的译本译自法语原文。综合考量，本文参考后两者的译本，其中对互文性的解释分别为：

秦海鹰的译文：

----

① Julia Kristeva. *Sémiotikè：Recherches pour une sémanalyse*. Paris：Editions du Seuil，1969. p. 83.

② Julia Kristeva. *Sémiotikè：Recherches pour une sémanalyse*. Paris：Editions du Seuil，1969. p. 83.

这样一来，水平轴（主体—受话者）和垂直轴（文本—其他文本）便重合了，进而揭示出一个重要事实：词语（文本）是一些词语（文本）的交汇，其中至少可以读出另一个词语（文本）。此外，在巴赫金那里，这两个轴——他分别称之为对话和双重性——并未区分清楚。但这种缺乏严谨的做法更应该说是在巴赫金最先引入的文学理论中得以发现：任何文本都是由一些引文拼合而成的，任何文本都是对另一个文本的吸收和转换。互文性概念在主体间性概念的位置上安顿了下来。①

祝克懿的译文：

因此水平轴（主体—读者）和垂直轴（文本—情境）交汇，凸显了一个重要的事实：即每一个语词（文本）都是语词与语词（文本与文本）的交汇，至少有一个他语词（他文本）在交汇处被读出。即每一个语词（文本）都是语词与语词（文本与文本）的交汇，至少有一个他语词（他文本）在交汇处被读出。在巴赫金的著作中，他称之为对话性（dialogue）与双值性（ambivalence）的两个轴没有明显的区别。表面看论述似乎欠缺严谨，实际上是巴赫金为文学理论首次做出的一个深度阐释：任何文本的建构都是引言的镶嵌组合；任何文本都是对其他文本的吸收与转化。从而，互文性（intertextualité）的概念取代了主体间性的概念，诗性语言至少能够被双重（double）

---

① 周启超、王加兴：《欧美学者论巴赫金》，南京大学出版社，2014，第3页。

解读。①

笔者又比照了法语原文，不难看出，在克里斯蒂娃的本意中，得到强调的并非是"词语/文本"本身，而是从"词语/文本"中看到巴赫金尚未明晰区分的"水平轴"（主体 sujet—受话者 destinataire）和"垂直轴"（文本 texte—语境 contexte）。所谓的互文性正是由水平轴和垂直轴来保证的。如果缺失了这两个轴，互文性如何能够替代主体间性呢？克里斯蒂娃说：

> 作为文本最小单位的词语表现为连接结构模式和文化（历史）环境的调解者，同样也是（文学结构上）从历时到共时的调节器。经由地位（statut）这一概念，词语被置于空间中：它在（主体—受话者—语境）三个维度上运作，如同相互对话（dialogue）的语义元素整体或如同双值（ambivalents）元素的整体。②

词语本身能被视为互文性的依据，是通过词语的地位这一"空间概念"实现的。这个空间，在写作《词语、对话与小说》时的克里斯蒂娃看来，主要是由巴赫金的对话理论以及俄国形式主义者定义的空间。学者曾军在其研究论文中提出：

> 克里斯蒂娃的纵横坐标的图示正表明了其借鉴并超越巴赫

---

① ［法］朱莉娅·克里斯蒂娃：《词语、对话和小说》，祝克懿、宋姝锦译，《当代修辞学》2012 年第 4 期，第 16 页。

② Julia Kristeva. *Sémiotikè*：*Recherches pour une sémanalyse*. Paris：Editions du Seuil, 1969. p. 85.

金理论的根本所在：巴赫金关心的是审美主体在其审美活动过程中的伦理关系，即主体间的关系，克里斯蒂娃将之建构在了水平轴上；而同时，她又将"文本中的词语指向先前的或共时层面的文本集合"作为垂直轴看待，这才是克里斯蒂娃"互文性"的要义所在。①

而在后来克里斯蒂娃的论述中，这个空间，则主要是克莱因等精神分析学家对"前俄狄浦斯情结"的分析勾勒出来的"主体空间"。

克里斯蒂娃在文中提道："文学体裁的任何演变都是语言结构在不同层面上的无意识的外在化。"② 这句话通常被人们忽视，这是不合适的，相反，这句话值得引起我们的重视。它意味着，缺乏了由"无意识"所开启的不同层面的语言结构（更具体的，这里指的就是符号态和象征态等多重意指实践），人们将无法看到"词语"蕴含的革命性。所以，对交织于词语这一最小文本单位上的一切"符号关系"和各类"符号系统"，人们需要一个崭新的眼光。在这个意义上，克里斯蒂娃综合了弗洛伊德无意识理论与巴赫金对话理论的优点，才可以说"互文性"概念可以替代"主体间性"概念。人们对"互文性"的误读，可以通过重新审视克里斯蒂娃同时是位精神分析学者的这一事实身份来纠正。

三、精神分析学对互文性误读的纠正

文本（texte）属于 20 世纪文论中的新兴概念，在西方理论语境中，对它的解释基本是一致的。"Texte"一词来自拉丁语的"textum"，源于

---

① 曾军：《克里斯蒂娃在"词语、对话和小说"一文中对巴赫金理论的借鉴和改造》，《外国文学研究》2014 年第 1 期，第 7 页。

② Julia Kristeva. *Sémiotikè*：*Recherches pour une sémanalyse*. Paris：Editions du Seuil，1969. p. 85.

动词"texere"，意为"编织"。从微观来看，"文本是一种质感，一种'类似线头、细沙之类的纤细之物互相交织所构成的格局或关联'"①。从宏观来看，"（文本）替代了作品，用来指称由语言文字组成的文学实体"②。经历了从作品到文本的阶段后，又从文本走向互文。互文指的是文字的残片，文字的多义性，就像一根纤维，从以前的语义网脱落，又编入了新的语义网。基于此，人们就会想当然地把"互文性"视为"一些'已经写过或已经读过'的文字符号，原有的含义，在新文本中发生转换"③。但我们应该看到，这种理解是有失偏颇的，因为它关注的只是"文本"与"文本"之间的关系，从而重点就成为"解构"和"结构"的辩证关系。要知道，"互文性"并不是"结构"或"解构"，它奠基于精神分析学理解的"主体"之上。凡是忽略了这个精神分析的基础，就会一边倒地侧重"结构"的方面。

对于互文性有多种通行的理解，而这些通行理解都存在某种程度的误读。在《互文性》这一学术专著中，作者概述了推动互文性概念形成和发展的四位关键人物："走向互文性"的巴赫金，"互文性理论的确立"的克里斯蒂娃，"审视互文"的罗兰·巴特，"诗学误读、互文性、文学史"的哈罗德·布鲁姆等。④ 然而，这种简略的勾勒可能仅仅是互文性概念的学术史演变，而非是对它的深度诠释。该著述引用克里斯蒂娃"任何文本都是引语的镶嵌品构成的，任何文本都是对另一文本的吸收和改编"一句，赋予互文性定义："互文性通常被用来指示两个或两个以上文本间发生的互文关系。"⑤ 所谓"互文本"的说法，"可用来指涉

---

① ［法］朱莉娅·克里斯蒂娃：《诗性语言的革命》（英译本序言），［英］里昂·S·劳狄斯、张颖、王小姣译，四川大学出版社，2016，第 7 页。
② 南帆：《文学理论》，北京大学出版社，2016，第 29 页。
③ 童明：《西方文论关键词：互文性》，《外国文学》2015 年第 3 期，第 17 页。
④ 王瑾：《互文性》，广西师范大学出版社，2005，见目录。
⑤ 王瑾：《互文性》，广西师范大学出版社，2005，第 1 页。

历时层面上的前人或后人的文学作品，也可指共时层面上的社会历史文本；而'吸收'和'改编'则可以在文本中通过戏拟、引用、拼贴等互文写作手法来加以确认，也可以在文本阅读过程中通过发挥读者的主观能动性或通过研究者的实证分析、互文阅读等得以实现。"① 显然，作者存在将互文性概念简单化、片面化的倾向：首先，在中文语境中谈文本，并且与"互文写作""互文阅读"等概念放在一起，很容易忽略克里斯蒂娃的"文本"所特有的"徽标""符号态""肢体动作""音乐语言"等内在含义（在前文的分析中，我们建议以"文"来翻译克里斯蒂娃的"互文性"之"文"）。

确实，诚如蒂费纳·萨莫瓦约（Tiphaine Samoyault）在《互文性研究》中所指出的那样："人们之所以常常不太喜欢互文性，那是因为透过互文性人们看到了一个令人生畏的庞然大物。"② 这正是互文性概念被滥用的一个缘由，人们没有通过互文性关注音乐语言、符号态语言、肢体动作等"非象征语言"，反而强化了对"文本"等同于"象征文本"的理论执迷。这种执迷，抛却了克里斯蒂娃通过精神分析强化文本复杂性的理论用意。一旦我们将"文本"等同于"象征文本"，那么，我们就落入传统小说技法的后现代解读的窠臼之中了，比如关注"戏拟、引用、拼贴等互文写作手法"。严格说来，这些写作手法多具有后现代色彩，而非"互文性"色彩，因为互文首先是一种跨界的探究：从"象征态"到"符号态"，从语言到言说主体，从俄狄浦斯情结阶段到前俄狄浦斯情结阶段……原本立体、丰富的互文性理论在误读中被压缩为单一的后现代文本理论。德国学者普费斯特（Manfred Pfister）甚至认为："互文性是后现代主义的一个标志，如今，后现代主义和互文性是一对同义词。"③

---

① 王瑾：《互文性》，广西师范大学出版社，2005，第1-2页。
② ［法］蒂费纳·萨莫瓦约：《互文性研究》，邵炜译，天津人民出版社，2003，第134页。
③ 王瑾：《互文性》，广西师范大学出版社，2005，第128页。

不得不说，这样的理解过于片面。

王瑾因为对互文性概念的片面化理解，对互文性的未来也概括得不太准确。她认为，互文性理论的发展存在两个方向：一个是以德里达、保罗·德·曼、希利斯·米勒等的互文性理论为代表的解构方向，另一个是诗学方向，以吉拉尔·热奈特的跨文本性理论、米切尔·里法泰尔的阅读理论、安东尼·孔帕尼翁的引文理论为代表。笔者认为，王瑾最大的误读在于，将互文性理论简单化为后现代文本策略，而始终缺乏精神分析的维度，也就是无意识主体的维度。

总之，克里斯蒂娃所要建立的是一种符义分析的符号学（sémanalyse）。日本研究克里斯蒂娃的学者西川直子认为："首先，符号分析学的名称本身就是精神分析学的反映。……符号分析学的方法是意识到精神分析学而被构想的。"① 国内学者也表达了类似观点：符义分析符号学"是一种通过精神分析对语言学所做的反形式主义的重新阅读，它将对结构的关注转移到结构生成的过程，将对能指的关注转移到记号，旨在揭示语言的异质性层面以及文本的多重表意手段"②。这样的符号学意在突破结构主义的静态的意义系统，从而建立起动态的意指过程。所以，克里斯蒂娃的互文性概念，是从广义上来说的，它意味着文本向所有文本之外的外来因素开放，接纳一切外来因素。因此，不能仅用文本与文本的象征关系来理解互文性概念。

也有的学者看似指出了"互文性"理论的不足："克里斯蒂娃在巴赫金的基础之上，发展了他的理论，提出'互文性'的概念，并构造一种文本内的互文空间。而她的关注点在于互文空间内的'过程中的主体'，所探

---

① ［日］西川直子：《克里斯托娃：多元逻辑》，王青、陈虎译，河北教育出版社，2002，第27页。

② 孙秀丽：《克里斯蒂娃解析符号学研究》，黑龙江大学出版社，2016，第99页。

讨的互文性问题是形式层面的。"① 这种说法是含混的，因为"构造一种文本内的互文空间"与"过程中的主体"之间的关系并不明晰。主体为何在文本内凸显，这是受到巴赫金思想的启迪后产生的。克里斯蒂娃指出："在文本（能指）的层面上，我们在陈述行为主体（sujet de l'énonciation）与陈述内容主体（sujet de L'énoncé）的关系中发现主体和接受者间的对话。任何的叙事行为（narration）都是围绕该对话建构的。与陈述行为主体相比，陈述内容主体扮演着接受者（主体—接受者）的角色。"② 克里斯蒂娃举了一个例子，"我怕他来（Je crains qu'il ne vienne）"，这个陈述内容中，"我"是陈述内容的主体，而非真正欲望的主体，它只是陈述者（发出陈述的行为者）在场的转换器（shifter）或者索引（index）。③我们在此另举一例，在"反讽"这种小说叙述形式中，小说中的人物作为陈述内容主体（比如吝啬鬼的行为）并不代表叙述者（陈述行为主体）的观点，两者经常是相悖的。小说也并不需要陈述行为主体的现身说法，读者就能意识到"陈述行为主体插入到写作系统中"了。吝啬鬼的言说行为具有双重的意义，一方面是表达的，另一方面又是批判的，陈述内容主体又是陈述行为主体的代表，表现为陈述行为主体的对象，"陈述内容主体本身就是对话性的，因为主体（即陈述行为主体）和接受者（即陈述内容主体）同时隐藏在其中"④。这种"主体"和"互文性"的互嵌关系，并不能以"互文性问题是形式层面的"来区别。

陈永国将互文性概念概括为两点："（1）两个具体或特殊文本之间的

---

① 张颖：《从对话到互文性——回应克里斯蒂娃》，《符号与传媒》2011 年第 3 期，第 6 页。

② Julia Kristeva. *Sémiotikè*：*Recherches pour une sémanalyse*. Paris：Editions du Seuil, 1969. p. 96.

③ Julia Kristeva. *Le langage*，*cet inconnu*. Paris：Editions du Seuil, 1981. p. 273.

④ Julia Kristeva. *Sémiotikè*：*Recherches pour une sémanalyse*. Paris：Editions du Seuil, 1969. p. 96.

关系（一般称为 transtexuality）；（2）某一文本通过记忆、重复、修正，向其他文本产生的扩散性影响（一般称为 intertexuality）。"① 该描述只考虑到"文本之间"，是一种典型的对互文性的深刻误解。相较而言，张颖的概括更为准确："在意指实践中，创作主体要经过一个否定的、排斥的、被简化为零的阶段，然后被重新赋予新的多元身份。因此创作主体的分裂、化简为零、产生新的多元主体的过程，也就是互文空间主体的形成过程。"② 作者在解读互文性的时候，提出要想全面理解互文性，就需要同时考虑到主体的存在，互文性和主体间性本质而言是一回事。

正是克里斯蒂娃将文本外的因素（从语言学角度讲是"指示行为""肢体动作""徽标"，从符号学角度讲是"过程中的主体"）纳入意指实践（也就是一种精神分析符号学）的研究中，所以使得其互文性概念具有了历史、主体、文本等多个维度。我们可以用"文"的世界来命名这个"文本"内外的意指实践。也只有在这个意义上，"互文性"才是一个突破性的概念。

因此，"互文性"理论关心的陌异性（异质性），是主体之间的差异（而非话语之间的文本差异）。也有学者抓住了这个根本特征："互文性的价值正在于文本之间的异质性和对话性，如果原本的一部分进入当前本文后，与原来相比没有产生异质性，在新文本中没有生成性的意义、形成对话关系，那么，这样的互文性就没有多大的研究价值。"③ 不过，这种观点仍然把"互文性"放在文本系统中，因此也默许了没有产生异质性的"这样的互文性"。其实，没有异质性，就没有"互文性"可言。这种误解，是受到了布鲁姆著名的"影响的焦虑"理论的干扰。国内有学者看到，布鲁姆以诗歌为例，提出作为迟来者的诗歌作家始终处在前

① 陈永国：《互文性》，《外国文学》2003 年第 1 期，第 75-81 页。
② 张颖：《从对话到互文性——回应克里斯蒂娃》，《符号与传媒》2011 年第 3 期，第 6 页。
③ 李玉平：《互文性新论》，《南开学报》，2006 年第 3 期。

代有名的诗人造成的巨大"影响的焦虑"之中。① 因此，后来的作家要进行发挥创造，就要进行"创造性的误读"，与前代的诗人展开殊死搏斗。其实，克里斯蒂娃对 19 世纪现代主义诗人的研究表明，她的关注点并不是"影响的焦虑"或"创造性误读"。

克里斯蒂娃在文学上关注的，是"不同于统一的观念思想过程的，意义生成过程的可能性"②，用意义生成（significance）来"命名分化、分层和对峙的工作"，"这一工作在语言中进行，并且在言说主体的轴线上设置了交流的、语法上被结构的能指链"③。她将意义的生成视作一个过程，"在这个过程中，人们能够观察到，因为受到社会编码的压抑而没有能够进入语言系统的人的欲动能量的释放"④。得到释放的是语言中的异质性成分，先于意义存在。克里斯蒂娃关注的是在象征态修辞背后是否具有"符号态"意指实践的空间。这种符号态的陌异性，构成了真正的"互文性"。凡是出现"互文性"的地方，就是原有的意指系统出现裂缝的地方，这个裂缝为另外的意指系统腾出了创造性的空间。所以，"互文"的，即是断裂的、陌异的、创造的。

以上讨论中，我们仍然把互文的"文"限定在了文学文本中，实际上，克里斯蒂娃的文本，是远远超出了文学范畴的，而是指向更为广阔的社会。她的阐释是：整个社会构成一个大的文本，里边包含了方方面面的内容。巴特在《作者的死亡》中说："文本是由各种引证组成的编织物，它来自文化的成千上万个源点。"⑤ 在《文本理论》中他也提及：

---

① 李玉平：《互文性新论》，《南开学报》，2006 年第 3 期。

② Julia Kristeva. *La Révolution du langage poétique*. Paris：Editions du seuil，1974. p. 166.

③ Julia Kristeva. *Séméiotikè：Recherches pour une sémanalyse*. Paris：Editions du Seuil，1969. p. 11.

④ Kelly Oliver. *Reading Kristeva：Unraveling the Double-bind*. New York：Routledge，1993. p. 2.

⑤ ［法］罗兰·巴特：《罗兰·巴特随笔选》，怀宇译，百花文艺出版社，1995，第305 页。

"任何文本都是一种互文。在一个文本中，不同程度地、以各种多少能够辨认的形式存在着其他的文本，譬如，先时文化的文本和周围文化的文本。"① 这也许是对克里斯蒂娃所创立的互文性理论更为恰当的一种解读。

四、互文性概念的精神分析维度

结构主义经常把对象"文本"化，这就导致其最大的缺陷在于停滞在结构模式里面，没有和变动的历史过程中的主体维度关联起来。结构主义往往是静态的分析，而巴赫金的话语理论却注重对话性和动态性。在克里斯蒂娃把巴赫金的理论介绍到法国的最初，她关心的主要对象是"诗性语言"（langage poétique），因此，这里的互文性主要体现为"诗性语言具有两重性"以及"小说的双值空间"。笔者注意到，除此之外，在她首次提出互文性理论的《词语、对话与小说》这篇论文中还涉及了主体问题。

克里斯蒂娃认为："独白和将独白同化吸收的史诗的单一性或者客观性，或者是外延和客体词语的单一性或者客观性的概念，经不起语言的精神分析和语义分析。"② 这句话表达的是：结构主义对文本的过度关注，会遮蔽精神分析的主体维度。因为只有文本，没有主体，并不是互文性。互文性概念，必然要涉及不同主体之间的对话关系。就算是作者本人在面对文本的时候，都有两个主体身份在场："为了描述外延词语或历史词语的内在对话性，我们需要转向写作的心理学，写作是与自己（与他者）的对话痕迹，是作者与自身间的距离，是作家作为陈述行为主体和陈述内容主体的双重性。"③ 也就是说，精神分析的主体，恰恰是

---

① ［法］罗兰·巴特：《文本理论》，张寅德译，《上海文论》，1987 年第 5 期。

② Julia Kristeva. *Sémiotikè*: *Recherches pour une sémanalyse*. Paris: Editions du Seuil, 1969. p. 94.

③ Julia Kristeva. *Sémiotikè*: *Recherches pour une sémanalyse*. Paris: Editions du Seuil, 1969. p. 94.

"外延词语"或"历史词语"内在对话过程中必然出现的东西。要分析文本和话语的互文性，就不得不考虑其根源的主体间性。这个精神分析的主体维度，恰恰是过于关注文本内部的结构主义研究经常忽视的。

本维尼斯特（Emile Benveniste）指出："语言使主体性成为可能，因为它总含有适合主体性表达的语言形式，而话语则引发主体性的显现，因为它由离散的时位构成。"① 此外，他还指出："'主体性'在语言中的建立，在语言之中并且——我们认为——也在语言之外，创设出人称的范畴。"② 因此，在符号学的视域下，语言本身密切关联着主体性问题。而这恰恰是结构主义诠释容易忽视的问题。结构主义忽略的是"有一个说话者"。关于这一点，弗洛伊德的精神分析理论讲得更为透彻。克里斯蒂娃从巴赫金的对话性，转移到对精神分析的主体维度的关注上来：

> 那么弗洛伊德是怎么说的呢？他说即使是说话者，也不是一个统一的整体。说话者本人已经具有双重性，也就是"意识"与"无意识"。"意识"，即语言、逻辑、价值、结构等。关于"无意识"的各种理论众说纷纭。在我看来——我与弗洛伊德一路，同时也在一定程度上受到拉康的影响——"无意识"源于感觉、情感与冲动的表征（représentation）。也就是说，"无意识"是属于"前语言"（pré-linguistique）的。③

如果说结构主义的第一个缺陷是忽略主体，那么结构主义的第二个

① ［法］埃米尔·本维尼斯特：《普通语言学问题（选译本）》，王东亮等译，三联书店，2008，第297页。
② ［法］埃米尔·本维尼斯特：《普通语言学问题（选译本）》，王东亮等译，三联书店，2008，第298页。
③ ［法］朱莉娅·克里斯蒂娃：《主体·互文·精神分析：克里斯蒂娃复旦大学演讲集》，祝克懿、黄蓓编译，三联书店，2016，第22页。

缺陷也随之而来，那就是忽略（符号态的）前语言。前语言也是一种意指实践，不过它是符号态，而非象征态的。结构主义者所关心的，只是象征态的符号世界。而符号态的"子宫间"（克里斯蒂娃借用了柏拉图《蒂迈欧篇》的一个概念）里的前语言，是一种符号态；与之相对应的是象征态。只有将无意识维度以及二分主体（意识/无意识）的观念，引入互文性之中，才能构成一个语言内部的对话，即符号态与象征态之间的对话。就像对于人类主体而言，意识与无意识都缺一不可；对于克里斯蒂娃的互文性理论而言，这两种模态在语言中的意指作用也相同。所以，互文性因为考虑了"有一个说话者"，因而被注入了精神分析的思想。精神分析是克里斯蒂娃符号学理论的基础，她不断地用精神分析理论探讨符号学的问题。在概括其理论研究中注入精神分析的原因时，克里斯蒂娃认为："我在研究语言、语言习得、诗性语言和精神疾病患者语言时，发现精神分析对我的研究意义非凡。……精神分析使我的工作、情感、我与其他人的关系以及我的知识生活受益颇多。"① 由此可见，精神分析在克里斯蒂娃学术生涯中占据重要的地位，甚至改变了克里斯蒂娃的写作风格。这是我们将在下一章论及的内容。

综上所述，言说主体的形成本身，就包含着内在的陌异性（详见第二章的内容）；人类的意指实践也包含着内在的互文性——与人们通常所了解的文本互文不同的是，克里斯蒂娃的互文性更具有理论深度，它兼顾了"前语言"中"符号态"的过程，超越了结构主义的分析模式。

克里斯蒂娃的互文性超越了结构主义理论，而成为一种具有"精神分析学"意义的"符号学"理论，这使得人们关注种种象征秩序中的"互文本"，其实误解了克里斯蒂娃理论的革命性。如果忽略了"互文

---

① Ross Mitchell Guberman. *Julia Kristeva in person*, *Julia Kristeva Interviews*. New York：Columbia University Press，1996，p. 9.

性"的革命性，那就无法理解克里斯蒂娃写作中呈现的与小说、诗歌相关联的大量对绘画、宗教、精神分析的研究。互文性理解的关键，是在其中蕴含的主体维度（后来克里斯蒂娃进一步明确为"女性主体""前俄狄浦斯主体"），而非很容易产生歧义的"词语"上。

第二章

女性主体可分享的禀赋：克里斯蒂娃的
精神分析学

在前一章中，我们讨论了克里斯蒂娃的语言符号学，得出的结论是：其原创理论"互文性"已经具有了精神分析学的主体维度。在此章关于克里斯蒂娃的精神分析学的讨论中，其语言符号学的理论系统将获得更为坚实的主体根基。克里斯蒂娃的语言符号学划出了其核心的思想范畴，然而要了解克里斯蒂娃的理论深度，以及背后的学理贡献，还需要深入探究克里斯蒂娃的另一个社会身份———一名临床精神分析师。从语言符号学到精神分析的路径是畅通的，因为互文性概念本身就考虑了精神分析学的主体维度。

在克里斯蒂娃看来，主体形成的过程，也是符号生成/象征生成的过程。正是她一开始就重视的主体概念，使得她突破了结构主义的框架，形成了更为开阔的理论体系。

首先，克里斯蒂娃的精神分析学显然是拉康派的，但不同于拉康关注的"俄狄浦斯阶段"后诞生的主体概念，克里斯蒂娃的主体概念兼容了"前俄狄浦斯阶段"。随着前俄狄浦斯阶段框架的搭建，她进一步界定了符号态和象征态的符义实践区分，其概念区别于拉康的三界理论（想象界、象征界、实在界）。

其次，克里斯蒂娃的精神分析学最突出的理论发明在于她的女性主体、"女性禀赋"（也译为"女性天才""女杰"）概念。2012年在复旦大学的讲演中，她通过对阿伦特、克莱因和柯莱特这三位女性进行总结，明确界定了这一概念。女性禀赋可概括为三点：首先在于与客体的关系——女性尤其需要客体，如若没有，也要去寻找，去创造；其次是对生命与思想的态度——思想就是生命，思想与生命共生；最后从时间观上看，女性的时间观是一种绽放的时间观，就是不断地循环，不断地新生。① 因此，我们看到，女性具有另外一种逻辑，无法用父性秩序的象征态语言来描述，而只能采取符号态的诗性语言。这种女性特质是"可分享的"，并非为女性所独有。所以，她对中国妇女及《时间揭示真理》画作的描述，都是在重建描述女性的语言，并且推进一种可分享的女性主义理论建设——这种可分享的内容是女性禀赋，即每个人的内在陌异性的激发。而且，这种内在于自我的"异"恰恰是为男性、女性所共有的。女性天才式的"陌异性"经验，是男女共同的经验。克里斯蒂娃的女性理论为女性主义带来了新的活力，相比于种种反抗父权制的或者是强调男女性别差异的女性主义理论，她发现了"时间之外""可分享的"的女性真理。

相比于拉康关注主体的匮乏，克里斯蒂娃关注的重心在于自我内在的"陌异性"。她认为，陌异性是主体的一个根本的维度。它可以直接在女性孕育生命的经验中体验到。胎儿是母体的他者，又是母体的一部分；分娩而出的婴儿要成为另一个人，则需要母亲将自己视为一个空洞的空间，允许婴儿自主地获得自己的语言。否则，占有欲会让女性禀赋坍塌为父性化的唯我论、主观性悲剧之中。从这种"陌生的自我"概念出发，克里斯蒂娃重建了新的"人文主义"方法，发现自我内在的陌异性，并领受这种命运的男女，就是"女性天才"。

---

① ［法］朱莉娅·克里斯蒂娃：《主体·互文·精神分析：克里斯蒂娃复旦大学演讲集》，祝克懿、黄蓓编译，三联书店，2016，第106页。

克里斯蒂娃作品的英译者里昂·S.劳狄斯（Leon S. Roudiez）认为，"克里斯蒂娃的理论目标是将诗性语言看成一种意指过程。也就是说，将诗性语言看成一个言说主体生成的符号系统"①。这个言说主体借由精神分析学诞生，而将这个精神分析学与符号体系融合在一起正是其理论的独创。克里斯蒂娃将主体问题和历史维度，视为其符号体系的内在构成部分。而历史维度的部分，我们在第三章关于神学、艺术与文化政治的讨论中再详细展开。本章聚焦于克里斯蒂娃的精神分析学如何将主体问题纳入其符号系统之中，以及这个主体又是如何确立起来的。

其实，克里斯蒂娃理论中的主体问题有两条明晰的线索，一条是经由拉康的"欲望主体"得以重建的"言说主体"线索，另一条是经由"女性主体"的重新阐释得以建立的独特的主体理解。这两个理解与其说是一分为二的，不如说是一体两面的。因为，无论是由拉康的精神分析学启迪而来的主体，还是克里斯蒂娃重建的女性主体，都是某种对前俄狄浦斯主体的自我表述。总而言之，克里斯蒂娃的主体最大的特征便在于陌异性，这种陌异性内在于语言，也内在于此语言中的主体。正是在这个最大的"异"上，人们获得了相互沟通对话的统一性和可能性。

第一节　前俄狄浦斯阶段的女性主体

"在人文学科（史学、社会学等）言说的主体所牵涉的问题变得越来越突出，这并不是说客观材料被低估或者受到忽视，而是说研究者在尊重客观材料的同时，会越来越多地把自己的主观性牵连进对客观材料的

---

① ［法］朱莉娅·克里斯蒂娃：《诗性语言的革命》（英译本序言），［英］里昂·S·劳狄斯、张颖、王小姣译，四川大学出版社，2016，第7页。

解释之中。"① 言说主体在理论研究中的重要性更加突出。而在法国的理论思潮中，精神分析的广泛渗透是一个重要特点。因为，"精神分析所要研究的对象，乃是主体"②。精神分析介入克里斯蒂娃的语言符号学理论导致了她思想的重大转变，《多元逻辑》收录了她围绕精神分析主题写作的很多文章。克里斯蒂娃为精神分析学带来的最具有理论原创性的概念，就是"女性主体"概念。然而，这个具有克里斯蒂娃风格的女性主体并非无源之水，而是她从精神分析学的传统（自弗洛伊德到拉康）中吸收了主体的理解。克里斯蒂娃首先拓宽了这个传统的主体概念，将胎儿、婴儿和青少年状态的主体凸显了，这为下一步凸显女性主体奠定了基础。"如今，克里斯蒂娃彻底抛弃了包括女性主义在内的政治实践，而建议每个有能力的人都应该进行精神分析——她的新研究领域。"③

一、"子宫间"里的女性主体

克里斯蒂娃对主体概念的追寻，是精神分析学的主体探究延长线上的一环。不过，主体概念不仅仅是精神分析学的，也是符号学、语义学、阐释学的，因为精神分析本身就是一种有关欲望的语义学。很显然，克里斯蒂娃的主体概念，并不等同于人们习以为常的语言主体。其主体概念在最表面的意义上有两点独特之处：首先，她的主体所涵盖的领域更为宽泛，所以这种关于主体的语义学可以通过对处于人的精神和现实中的各种符号，如梦、神经症、宗教、艺术作品等的考察，以一种迂回的方式来考察主体是什么；其次，她的主体涉及先于符号系统的语言问题，

---

① ［法］朱莉娅·克里斯蒂娃：《反抗的未来》，黄晞耘译，广西师范大学出版社，2007，第119页。
② 杜超：《拉康精神分析学的能指问题》，中国书籍出版社，2020，第87页。
③ ［美］理查德·沃林：《著名文学理论家曾是间谍?》，施美均编译，《文汇报》2018年8月17日（W09）。

也就是在克里斯蒂娃所讨论的前俄狄浦斯阶段所具有的主体样态，而不仅仅是处在象征系统之中的言说主体。因此，这个主体的重建，是克里斯蒂娃的一项理论贡献。

在克里斯蒂娃的符号理论中，她区分了符号态（le sémiotique）和象征态（le symbolique）两种模态的意指实践，其中象征态对应着父性象征秩序，而符号态则发生于此秩序稳定之前，并为这个秩序的变动提供基础。克里斯蒂娃对母性/女性的理解，不是在被时间链条凝固的象征态发生的，而是在未被象征化的更为矛盾、多元、丰富的符号态之中。她对女性概念的理解，越出了父性时间，回归到女性/母性的愉悦之中。这种女性的愉悦根源于前俄狄浦斯阶段，而非弗洛伊德和拉康所关注的俄狄浦斯阶段之后。可以说，将语言符号学的符号态和精神分析学的前俄狄浦斯阶段融合在一起，是克里斯蒂娃的理论创造。克里斯蒂娃认为，前俄狄浦斯阶段女性主体的诞生同时意味着符号态的语言法则的发明。因此，其精神分析往往具有语言学色彩，其语言学也渗透着女性独特性的精神分析解释。在克里斯蒂娃的理论当中，女性主体诞生的精神分析始终是一个诗学问题。

克里斯蒂娃通过观察婴儿，注意到前语言（pré-linguistique）的意指实践："某些心理语言学家认为，一些具体操作先于语言习得。依据语言之前或超越语言的逻辑范畴，这些'具体操作'组成了前语言的符号空间。"① 由此，她将这种前语言部分概括为"功能性"，以区别于象征秩序之中言说主体的"象征操作"。显然，前者处在符号态（象征秩序之前的不稳固状态）中，后者处在象征态（拉康的象征界）中。如何重建一个沟通这两种状态的语言系统，并以此重建主体生成过程，成为克里斯蒂娃的探究动力。她由此将目光转移到由梅兰妮·克莱因所拓展了的弗

---

① Julia Kristeva. *La révolution du langage poétique*. Paris：Editions du seuil，1974，p. 25-26.

洛伊德关于驱力的假设上。正是关于欲望的驱力假设，使得克里斯蒂娃的主体概念吸收了精神分析学的理论内核。

拉康认为，象征秩序是阉割建立的法则，"只有断绝与母体的原初关系，象征秩序才成为可能"①；而克莱因和克里斯蒂娃认为需要考虑的是"阉割"之前。"阉割"一词意味着有一些东西必须要被舍弃掉，才能使得整体的社会象征性的秩序得以建立，即整体中被割舍的那一部分，使得整体才得以可能构建为一个同质化联盟。在弗洛伊德那里，阉割情结不仅关系着男孩，也关系着女孩。只不过，对于女孩来说，阉割情结是进入俄狄浦斯的时刻；而对于男孩来说，它标画出了俄狄浦斯的最后时刻，禁止了儿童的母亲对象。这种阉割概念，使得儿童通过俄狄浦斯情结成为符号态的一个主体。如果仅仅在生理学（比如本能）的意义上讨论驱力问题，那么它将无助于对人的主体生成的理解。

弗洛伊德对驱力和本能的区分，正为后来者讨论主体问题搭建了理论平台。拉康继承了弗洛伊德对这二者的区分，认为驱力与生物性需求不同，它们永远无法被满足，"驱力的目的不是抵达目标（最终目的地），而是依循其目的（方式本身），也就是环绕此对象"②。不过拉康主要将这种表达局限在俄狄浦斯阶段与主体的建构上，而没有考虑到在前俄狄浦斯阶段中驱力理论对主体的功能性存在。留意到前俄狄浦斯阶段的是克莱因。克里斯蒂娃将克莱因的发现概括为："一个主体发展的阶段，先于阉割焦虑的发现和遵从于（父性）律法的超我假定。她所描述的这一阶段的过程，在遗传学层面上，与我们所称的不同于象征态的符号态相符合，它隐匿于符号态中并决定着符号态。"③ 由此，克里斯蒂娃继承了

① Judith Butler. *The body politics of Julia Kristeva*. Hypatia vol 3（winter 1989）.
② ［英］狄伦·伊凡斯：《拉冈精神分析辞汇》，刘纪蕙等译，巨流图书股份有限公司，2009，第75页。
③ Julia Kristeva. *La révolution du langage poétique*. Paris：Editions du seuil，1974. pp. 26-27.

克莱因对弗洛伊德的突破，并走上了一条更加开阔的精神分析之路。

　　和拉康在俄狄浦斯阶段所发现的"阉割情结"进而探究父性秩序不同的是，克里斯蒂娃借由克莱因的发现，强调的是前俄狄浦斯阶段中母亲的调节功能。如果说，俄狄浦斯阶段是一个二元对立的阶段，处处存在着毁灭、侵略和死亡，那么，前俄狄浦斯阶段中这些冲突则获得了母亲的调节，因而在"形成自我的过程"中的主体不会产生撕裂。撕裂的原因在于驱力之中存在着"死亡驱力"。"死亡驱力"是弗洛伊德在《超越快感原则》一书中充分展开讨论的一个概念，也是引发颇多争议的一个概念。克里斯蒂娃认为："因此，自恋和愉悦是死亡驱力的聚集和实现。符号态的'子宫间'，使驱力的负荷处于停滞状态，可以被视作一种死亡驱力的延迟，也可以被视作死亡驱力的一种可能的实现，其倾向就在于回归到一种同态调节的平衡状态。"① 那么，在这个符号态的"子宫间"，驱力进入了某种停滞状态。在这种消极呈现中，克里斯蒂娃恰恰看到了某种对于主体理解的积极意义。因为，在前俄狄浦斯阶段，主体的统一性让位给了生成主体的动态平衡状态。这个主体经过母性的调节，延迟了死亡驱力，进入矛盾得以平衡的符号态的"子宫间"，避免了自我的毁灭。

　　而在拉康那儿，他拒绝了生物化理解的同时也排斥了前俄狄浦斯阶段，所以死亡驱力对他而言是个文化问题，而不是存在于想象界的天性问题。因此，拉康强调在象征界讨论驱力问题，这便与弗洛伊德区分了开来，因为弗洛伊德眼中的死亡驱力是与生理紧密扣连的，代表着每一个生物回到无生物状态的基本倾向。正因为看到了两位前辈的不同，让克里斯蒂娃抓住了拉康的盲区，在象征界（即克里斯蒂娃的"象征态"）之外的符号活动（更多属于"符号态"），就可以摒弃到想象界

---

　　① Julia Kristeva. *La révolution du langage poétique*. Paris：Editions du seuil，1974. p. 27.

了吗？克里斯蒂娃对符号态和象征态的区分，使得在前俄狄浦斯阶段讨论符号态的驱力问题成为可能。因此，其主体生成的理解，虽然吸收了拉康侧重于象征界来揭示主体的概念，而又在根本上区别于拉康。如果用形象的语言说，克里斯蒂娃的主体则关联于母亲，被母亲所调节；而拉康的主体关联于父亲，被父亲所主宰制约。

而母亲的调节是在"子宫间"内发生的。克里斯蒂娃说她喜欢想象人类可以凭借玛利亚的形象，设想出一个开始之前的开始；喜欢在其他人有关贞节的闲谈中发现一个原空间，一段时间之外的时间，也就是圣言存在之前。根据德谟克里特的说法，这是一种 chora，后来被柏拉图借用在《蒂迈欧篇》中，指的是空间之前的空间。柏拉图在《蒂迈欧篇》中谈及的一种意指模态（modalité de la signification），也就是克里斯蒂娃概念中的符号态。前者认为这是非常原初的事物，指的是某个"储存所"，也就是"子宫间"。他说："这个意义的原初储存所应早于太一，早于父亲，早于父亲之后的那个名称。"① 于是柏拉图赋予了这个意义模态许多母性的内涵。这么一个能提供营养、碎散又不断变换的储存所被克里斯蒂娃借来指称"由处于既变动又被规范的运动机能状态的驱力及其停滞状态构成的不可表现的整体"②。对于克里斯蒂娃的符号理论来说，这个"子宫间"概念的提出，目的在于获得一个意指的空间。然而它本身并不是一种假设、符号、位置或能指，更恰切地说是一种不稳定的骚动状态（état effervescent）。"子宫间"是主体生成的空间。"它先于形象化，先于其镜像，且是二者的基础，只容许与声音韵律或手势韵律相似"③，这就与克里斯蒂娃对美术、音乐、小说的关注勾连了起来。她本人恰恰就特别留意于符号态的意指实践，也将音乐理解为一种自由的

① ［法］朱莉娅·克莉斯蒂娃、纳瓦罗：《思考之危境：克莉斯蒂娃访谈录》，吴锡德译，麦田出版社，2005，第 146 页。
② Julia Kristeva. *La révolution du langage poétique*. Paris：Editions du seuil，1974. p. 23.
③ Julia Kristeva. *La révolution du langage poétique*. Paris：Editions du seuil，1974. p. 24.

意指实践，而且音律的能力越出了象征态，需要在更早、更基础的"符号态子宫间"中寻求。其实在这一点上，克里斯蒂娃也继承了罗兰·巴特的理论气质。罗兰·巴特出生后不到一年就失去了他的父亲，母亲独自把他抚养长大，后来为了弥补这种缺憾，他过度专注于母性的形象："我们总是模仿着陷入某种情感关系，或者是友情，或者是爱情，这是一个具有安全保障的母性空间，一个天赐空间。"①

　　"符号态子宫间"这个空间是一个律动的、非统一性的、非凝固的空间，一种母性的空间，主体在这个混沌空间（与理性、模型相对）内诞生。柏拉图说："在将容器视为给养和母性的时候，以及由于上帝的不在场，容器尚未统一成宇宙之时，便将我们引向了这一意义构建的过程。……'子宫间'从属于一种规范，这种规范虽与象征律法不同，但仍然会通过暂时分节继而重新开始产生断裂。"② 克里斯蒂娃将其与父性的空间形成对照，指出柏拉图的空间——容器是母亲的和乳母的。"打个比喻，我们把承载体称为母亲，生成物的来源称为父亲，合二为一则是孩儿。"③ 在这个符号态的"子宫间"，驱力进入了某种停滞状态。在这种消极呈现中，克里斯蒂娃恰恰看到了某种对于主体理解的积极意义：通过配置驱力的符号态功能，实现了主体在自我形成阶段的一种内在平衡。这个主体经过母性的调节，往前延伸到了前俄狄浦斯阶段，使拉康的象征界之外出现了一种韵律化的意指实践，因而被囊括进克里斯蒂娃的符号态之中。

　　克里斯蒂娃的"符号态"这个概念具有其个人特定的意义，她将之界定为体现在语言中的多元性的力比多冲动。由此，克里斯蒂娃对语言、意指实践的理解越出了一般人所认为的象征界，在符号态的母性空间

---

① ［法］弗朗索瓦·多斯：《结构主义史》，季广茂译，金城出版社，2012，第99页。
② Julia Kristeva. *La révolution du langage poétique*. Paris：Editions du seuil，1974. p. 25.
③ ［古希腊］柏拉图：《蒂迈欧篇》，谢文郁译，上海人民出版社，2005，第34页。

（子宫间）中蕴含着语言的本源和诗学的解放能力，这种语言能力关联于母性的功能性调节。

然而，主体的形成阶段已经往前延伸到了前俄狄浦斯阶段，也就是拉康所谓的想象界及克里斯蒂娃所谓的符号态之中了。那么拉康所谓的在象征界中才出现的驱力、主体，也需要得到改写，才能符合克里斯蒂娃的理论意蕴。确实，克里斯蒂娃正是在改写拉康的"欲望框架"的过程中，形成了自己的前俄狄浦斯框架。因而，对克里斯蒂娃的主体进行探究，也需要梳理来自拉康的欲望图示的理论线索。

首先要考察的是拉康的"欲望主体"是如何生成的，而这种生成又为克里斯蒂娃的主体建构带来了什么启发。拉康的欲望主体，也可以命名为"主体拓扑学"。这个概念第一次出现在 1956 年 2 月 8 日拉康关于《精神病》的研讨班之中。拉康提出："在这里有一个'主体拓扑学'，它完全建立在其上，它通过分析（临床）而提供给了我们，在此可能有一个无意识能指。现在的问题是去了解这个无意识能指是怎样在精神病中定位的。……我们在这里设想了这样的一个言说空间。"[1] 这个主体在其后期理论的欲望图示中得到了清晰的阐释，因此便有了"欲望主体"的名称。

对于克里斯蒂娃来说，弗洛伊德的精神分析学是围绕着"治疗"的。她概括道：

> 最初，从根本上来讲，弗洛伊德的志向是用于治疗：他的理论天分，他犹太人的广博学养让他吸收了启蒙运动的观点，这又常常让我们忘记这一点。面对我们所存在的言在[2]（êtres

---

[1] 杨春强：《拉康的主体拓扑学简介——兼论现象学的拓扑学转向》，《南京大学第二届"现象学与精神分析专题研讨会"论文集》，2016 年 12 月。

[2] 拉康曾使用过 être parlant，通常译作：言在（主体），sujet parlant 译为：言说主体，自选集中出现这两个说法，因此本文保留言在，言说主体的译法。

parlants）谵妄，他发现欲望是其载体，而且，他还发现在移情（移情是一种充满爱意的主体间性）中，语言是最好的载体和最佳的（或译为唯一的）方式，使得我们每个人可以无限地再建我们脆弱的、总是受到威胁的身份。①

不过，弗洛伊德搭建的无意识欲望和语言的关系，实际上走的是一条能够被量化的科学道路——这在后来提出"回到弗洛伊德"口号的拉康那里有了改变："和弗洛伊德不同，拉康却认为精神分析不能整体放置到科学阵营中，因为无意识欲望的客体本质上并不是现实的客体，而是不存在的客体。"②

尽管如此，拉康意义上的"回到弗洛伊德"却真正承接了弗洛伊德所开启的为"治疗"奠基的精神分析事业。这个治疗都是围绕着欲望主体而展开的，不过展开的路径和弗洛伊德存在差异。拉康的名言是"潜意识具有与语言相似的结构"，这句话被克里斯蒂娃所注目之处是"相似的"一词。正是拉康的这种语言学转向，揭示了弗洛伊德观察的无意识运作的方式，实际上是以一种类似于语言的方式存在着的。这就把精神分析对象的无意识主体，转化为一个类似于言在（主体）的分析过程。虽然，拉康后期认为，一个言在（主体）在根本上是一个欲望主体。而克里斯蒂娃由拉康的"与语言相似的"欲望分析过程的启迪，走向了"潜意识不仅仅是语言。情感、冲动、感觉、知觉，这些意义生成的实体（entités de la significance）都不能化约为语言，而是构成了语言的异质衬

---

① Julia Kristeva. *Pulsions du temps*. Paris：Fayard，2013. Voir：L'apport contemporain de la psychanalyse. pp. 153-154.

② 居飞：《无意识：局部或者整体？——精神分析的认识论》，《哲学动态》2015 年第 2 期，第 8 页。

里（doublure hétérogène）"①。

二、驱力理论与欲望书写

首先看拉康的欲望主体是如何以"与语言相似的结构"运行的。拉康的书写（écrits），不是能指的游戏，这给了克里斯蒂娃超越结构主义式能指游戏的启发，不过更重要的是，拉康对欲望主体的分析过程的框架，在根本上奠定了克里斯蒂娃通向前俄狄浦斯框架的思维路径。

我们知道，在索绪尔那里由能指 Sa 和所指 Se 构成的符号概念，被拉康改写为凸显出能指优先性的图示 $\frac{S}{s}$。拉康这个修改已经具有主体的意义，他将主体的位置放在能指的位置上——主体既是语言学的对象，也是精神分析学的对象。然而，我们不应该以拉康前期这样的理论为准（看到其和结构主义式的能指游戏之间的理论血缘），而应该看到拉康理论"对先前形式的回溯性更改"②。由此，我们才能将拉康为治疗事业奠基的书写工作，和差异能指的游戏式书写真正区分开来，由此可以看到拉康与其他理论实质性的趣味分野。③

拉康的欲望书写（Écrits）不是能指的游戏，截然区分于结构/后结构主义者的符号学趣味。斯拉沃热·齐泽克（Slavoj žižek）概括道："实在界是无法被铭刻的，它逃避任何铭刻，性关系（the real of the sexual relation）的实在界就是如此；但与此同时，实在界又是与能指截然相对的书写本身（writing itself）。拉康所谓的书写的身份是客体，而不是能指。

---

① Julia Kristeva. *Pulsions du temps*. Paris：Fayard，2013. Voir：L'apport contemporain de la psychanalyse. p. 161.

② ［斯洛文尼亚］斯拉沃热·齐泽克：《意识形态的崇高客体》，季广茂译，中央编译出版社，2014，第 124 页。

③ 杜超：《拉康精神分析学的能指问题》，中国书籍出版社，2020。

这里说的书写（écrit），不是后结构主义的字迹（écriture）。"① 甚至，我们可以说，拉康的书写，是对主体无意识结构的书写，它不仅书写象征界的秩序，也书写象征界之前的结构，它表达了一种符号秩序的匮乏以及其构成性的动力机制。

书写因为涉及主体，因而不是能指游戏；在象征界的内外都活动着精神分析学的书写。这种书写在更早的弗洛伊德理论中，已经为驱力理论所探究。《拉冈精神分析辞汇》中对弗洛伊德的驱力做了这样的定义："佛洛伊德有关驱力（Trieb）的概念是他的性学理论核心。对佛洛伊德而言，人类性生活的特征与其他动物的性生活不同之原因在于，人类的性生活不被任何本能（instinct）（与对象的关系较为固定与天生）所规范，而是被驱力所规范。驱力与本能不同，因为驱力变化多端，依主体生命史而有不同发展方式。"②

拉康坚持保留了弗洛伊德对于驱力（drive）和本能（instinct）的区分，在该书的随后部分又提及：

> 在佛洛伊德作品中反复重新讨论的驱力理论中，一个不变的特征便是其基本的二元论。起先，此二元论出现在性驱力与自我驱力或是自我保存驱力的对立两端。佛洛伊德在1914—1920年间将此对立问题化，因为他逐渐注意到自我驱力本身便是具有性欲的。因此他重新架构驱力之二元论，并将其置放于生命驱力与死亡驱力的二端。③

---

① ［斯洛文尼亚］斯拉沃热·齐泽克：《意识形态的崇高客体》，季广茂译，中央编译出版社，2014，第215-216页。
② ［英］狄伦·伊凡斯：《拉冈精神分析辞汇》，刘纪蕙等译，巨流图书公司，2009，第75页。
③ ［英］狄伦·伊凡斯：《拉冈精神分析辞汇》，刘纪蕙等译，巨流图书公司，2009，第77页。

　　弗洛伊德重新架构了驱力的二元论。虽然说，死亡驱力/生命驱力，自我驱力/性驱力等概念在弗洛伊德那儿都是成对出现的，始终处在对立和相互斗争之中。然而，在克里斯蒂娃看来，弗洛伊德对于驱力的理解，是"一种矛盾和斗争的理论"，并不仅仅是"二元论"。"它（弗洛伊德理论）通过两种驱力之间的斗争来解决生命之谜的问题，而这种斗争始于生命之初，且将持续终生。"① 在欲望的深处，无意识能量释放的同时也进行着精神刻画，也就是在克里斯蒂娃描述的"子宫间"里。这个"子宫间"从来都是充满矛盾和斗争的状态。弗洛伊德所说的驱力在这里书写成了一种声音、姿势或运动节奏，在语言的缝隙中时不时出现。驱力所作用的功能，比象征界所建立的秩序更为根本，因为如何调节这种原始的能量决定着人类的象征律法与组织社会关系的原则。如果处理不当，则会导致毁灭与死亡。驱力的矛盾和斗争，既会导致停滞，也可导致创造力。而母性的符号态中的"子宫间"调节着这一切，没有这种调节，符号态中主体的意指实践则无法渗透到象征态之中。有了符号态和象征态之间的相互渗透，才有了诗性语言的存在。

　　在主体艰难诞生的过程中，克里斯蒂娃发明了"贱斥"（abjection）这一概念。她在采访中说这是一个很难在其他语言中找到对应译文的概念。在克里斯蒂娃看来，贱斥是一种强烈的厌恶排斥的感觉，就像是看到了尸身、排泄物、腐烂物要呕吐的感觉；这种感觉与生俱来，既是人们的一种身体反应，同时也是一种象征秩序的感觉，使人对这个外在于自身的威胁产生强烈的排斥和抗拒，这种外在的威胁也引发了内在的威胁。最终，这种抗拒起始于主体对母体的抗拒。这是因为，一个主体如果不离开其母体，就不会诞生。所以，这是一种带着创造更新能力的毁

---

①　Julia Kristeva. *La révolution du langage poétique*. Paris：Editions du Seuil，1974. p. 154.

灭感、排斥感。然而，被贱斥压抑住的东西，本身其实是一种非常本能的欲望流动的真理。

语言本身就蕴藏着一种贱斥的力量，而且我们可以积极地调用这种贱斥的力量用来"书写"我们的欲望主体。在语言之中流动着非常陌生的"意义"，但是我们的象征符号总是对它加以排斥。克里斯蒂娃描述过自己对母语保加利亚语和第二语言法语的一种奇怪的体验，并且将这种多语言的体验上升到一种理论的层面。克里斯蒂娃将民族语言和"民族身份观念的热烈拥护者、民粹主义者甚至法西斯主义者"联系在一起，认为具有第二语言的人能克服这种单一性的支配：

> 我知道人道主义的、与"排外"做斗争的一声悲怆的良心呼喊可以显得多么具有煽动性、多么刺耳。我们并非都是异乡人，那么多作家既是民族身份的虔诚的观念学者、民粹主义者甚至法西斯分子，但又在这些偏移之外十分真诚地自认为被民族语言这根脐带及其传统规则牢牢地拴住了，是的！
>
> 很多人甚至不会怀疑，马拉美想写的"对语言来说陌生的"那个词，和普鲁斯特看见的"感性的翻译"（traduction du sensible），远不是荒唐的例外，而是处于创造者的行为中心。
>
> 我在这儿想强调异乡人和作家之间这种内在的、通常毋庸置疑的亲缘性，以把二者聚集到一个共同的、总是独特的翻译经验中。①

异乡人和作家"如译者"（在创作中翻译出"另一种语言"）之间，这种亲缘关系是一种"只有我和法语在一起的命名的炼金术（alchimie de

---

① Julia Kristeva. *Pulsions du temps*. Paris：Fayard，2013. In：*Mon alphabet*，*ou comment je suis une lettre*. p. 22.

la nomination）"① 一样的关联。加斯东·巴什拉说过炼金术不是物理的或者化学的反应，而是需要炼金术士的一些精神性参与。克里斯蒂娃在人（主体）和人的语言之间，建立了"炼金术"般的关联。关于人的方面，我们都是"成为己之异"的"异乡人"；关于语言的方面，"好书都是用外语（不是母语）写就的"，"唯一真正的书，不是伟大作家创造的，而是伟大作家翻译的，因为它已经存在于我们每个人的身上。作家的责任和任务就是译者的责任和义务"（两句都是克里斯蒂娃援引的马塞尔·普鲁斯特之语）。然而，民族语言却制造了种种陈规，压制语言中内在的异，压制翻译的力量，压制异邦人和生活之异。这种情况发生在个体身上时，就转化为一种精神病或者孤独症。所以，对克里斯蒂娃来说，保加利亚语和法语两种语言的共存对她而言不仅涉及创作，而且涉及精神。异邦人、翻译、内在的异，是我们抵抗精神病和孤独症的手段："在我看来，讲另一种语言只是活着的最低、最首要的条件，是重新发现字母表、重新发现字母的意义，并超越不可思议的重生，翻译、再翻译它们的最低、最首要的条件。"②

在主体的范围内，这种内在的异就是符号态的语言，它是克里斯蒂娃认为的书写欲望的一种意指形式。无论是发现精神分析层面上的内在的异，还是社会语言层面的异，对于定义自我和时代的精神疾病都是必要的。克里斯蒂娃从拉康的"对象 a"出发，串联了普鲁斯特关于伟大作家是在进行"翻译"工作的教诲，从而跨出了传统精神分析关注的俄狄浦斯框架。

---

① Julia Kristeva. *Pulsions du temps*. Paris：Fayard，2013. In：*Mon alphabet，ou comment je suis une lettre*. p. 21.

② Julia Kristeva. *Pulsions du temps*. Paris：Fayard，2013. In：*Mon alphabet，ou comment je suis une lettre*. p. 23.

三、克里斯蒂娃构建的前俄狄浦斯框架

正是拉康意义上绝对陌异性特质的"对象 a"，能从根本上与克里斯蒂娃的前俄狄浦斯情结的精神分析路径关联起来。克里斯蒂娃的精神分析实践，最根本上关心的是如何"治愈"的问题。其路径是，通过一种符号态的前俄狄浦斯情结所带来的陌异性，将其引入言在主体的象征之中，发现内在于自我的异，重构言在主体的精神基座，使他恢复欲望的正常流动。克里斯蒂娃的这个思维框架，正是对拉康所奠基的欲望图示分析框架的改造。在拉康那里，他试图通过引入"对象 a"来诠释欲望主体流动的方式，并为他建立起"穿越幻象"并"认同征候"的框架。只不过，被拉康认为是属于象征界的一些因素，在克里斯蒂娃这里，被划归给了象征态。可以说，在拉康分析欲望主体的基础上，克里斯蒂娃将那个陌异化的支点向更为开阔的意指实践敞开了。那些在拉康看来，只能通过拓扑学、数学来指称的内容，在克里斯蒂娃这里却可以通过另一种语言、另一种意指实践来表达。它们都具有"陌异性"的根本特质。西川直子甚至认为"异质性这一形容词，是形容永久居住在法国的外国人朱莉娅·克里斯蒂娃及其全部工作的关键词，是直到现在仍在回响着的主旋律"[1]。

克里斯蒂娃介绍过这样一个精神分析案例：

> 例如，我最近有机会在圣安娜医院做"患者介绍"。那是一个精神分裂症患者，有漫游症，会自残，有过一次跳窗自杀的企图。我们在此称他为 B。很快，B 通过介绍他的母亲而进行了"自我介绍"。他说话如同"处在他母亲的位置上"，大量引用

母亲说过的话，重建了一个戏剧性的故事，我知道这是他自己的故事，但是他却把它当作母亲的故事来接受和表述：她划伤了自己的身体；她自杀；她抱怨儿时曾是家里的"黑绵羊"；她要求儿子把她"监管起来"，B承认对此"忍受"不了，不可见的力量"操控"着他，他无法反抗。他也试图解释他与"黑绵羊"的融合状态：他强调父亲的缺席、兄弟姐妹的不和、母亲的闯入性。我听到的是一番冷冰冰的、学舌而来的言辞，就像在重复那些自他童年起就向他解释病情的不同医生的话，也在重复他看过的精神病心理读物。B是学哲学的大学生。我还听说他的第二语言是法语：他是比利时人或瑞士人吗，还是一种逃脱的企图、打破母亲"监管"的企图、从贱斥体的控制中"越窗而逃"的企图？①

这则案例，如果按照拉康式分析的话，他或许会阐释被分析者建立"幻象框架"的方式，并如何将自己的欲望流动困在里头，由此导致了精神病。然而，拉康的欲望图示将无法解释被分析者的两种语言的区别：一种是他的母语（非英语、非法语），另一种是其第二语言法语。而这两种语言的划分，在克里斯蒂娃这里则至关重要。因为，母语意味着是在出生之后进入拉康所谓的象征界习得的，是进入俄狄浦斯阶段的标志。可是在克里斯蒂娃看来，母语所建立的熟悉性框架，意味着还没有发现自身的异——使B困在里面的正是其母语，母语正是其欲望发生病症之处。

B在英国学习过一年。我们的谈话进行到十分紧张的时刻，

---

① ［法］朱莉娅·克里斯蒂娃：《克里斯蒂娃自选集》，赵英晖译，复旦大学出版社，2015，第113页。

他以一个英语昵称来指称自己。我于是决定用英语继续我们的交流。这是一个重生。B活跃起来，他那张一直没有表情的脸变得生动、带着笑意，他找回了勇气，向我吐露兄弟间、师生间的矛盾，吐露他想"排空苦恼"，写一部关于"绝对善"的论文的强烈愿望。谈话结束的时候，他的遗憾溢于言表，问我们是否还会再见面。①

克里斯蒂娃敏锐地认识到，"英语，外语，使他与'黑绵羊'（她所是、他亦所是的'黑绵羊'）'拉开距离'：与我一起逃离母语，到达一片终于可及的游戏空间，在我们两人的交谈中可以任他的思想自由支配的空间"。虽然这样"显得不合常情，但实际上必然是，外语帮助他重建了一个不可名状的符号联系。不可名状，但却是传递性的、过渡性的，通过这个符号联系，他感觉到了自己存在，能够讨论、反驳、思考、笑"。这是因为这种不可名状的符号联系"虽然发生过，但是父母离异引发了极具攻击性的俄狄浦斯，由此产生的创伤取消了'它'的权利吗？或者因为'它'在母子间早期联系的母语中没有发生"②？

外语在被分析者身上起的作用，是一个陌异性的视角的作用，这使他挣脱了把自己与母亲混淆在"黑绵羊"形象中的囚禁感——一旦带着这个"黑绵羊"，他将只能通过毁灭自己（自残）来实现对它的逃离或者毁灭。这个陌异性的视点，在拉康那里也出现过。1973年，在拉康的1964年研讨会的第11卷出版时，其把德国画家霍尔拜因（Hans Holbein）

---

① ［法］朱莉娅·克里斯蒂娃：《克里斯蒂娃自选集》，赵英晖译，复旦大学出版社，2015，第113页。
② ［法］朱莉娅·克里斯蒂娃：《克里斯蒂娃自选集》，赵英晖译，复旦大学出版社，2015，第114-115页。

油画《大使们/两个外交家》下方那个侧面透视的大骷髅放在了封皮上。① 精神分析师必须跳出正常的交流目光，以大他者的眼光凝视受分析者的无意识话语，才能看到幻象支持（遮蔽）下的欲望的运作。同时，欣赏者又不能与这个视角靠得太近，因为这将毁坏整张画的完整性。克里斯蒂娃和被分析者所进行的"外语交流"，正是这个独特的视点——它让被分析者不至于毁灭"一致性"，也不让被分析者沉溺于"黑绵羊"的幻象之中而不自知。

克里斯蒂娃的"不可名状的符号联系"，呼唤着的是越出框架的主体（他必然是爱的主体，艺术的主体，创造性完成自我身上之异的主体），继承的正是拉康独特的"幻象分析框架"——幻象意味着，主体本质上是有缺陷的，必须通过幻象来实现自我统一性的幻觉，没有这个幻觉，主体就不可能完整。不过，拉康的着眼点在于进入俄狄浦斯阶段之时以及之后的主体，而克里斯蒂娃认为俄狄浦斯阶段之前的人类经验同样有助于主体的重生，甚至那个主体才是艺术创造力的根本源头。因此，克里斯蒂娃奠定了其言说主体的概念：

> 　　如果我所是的言在不再认为自己依赖于一个"具有义务力量的"超感性世界，更不依赖于一个"具有义务力量的"感性世界，那么理性/信仰、规范/自由的对立就不再站得住脚。也知道这个言说的"我"向自己揭示自己，因为它是在与陌生客体（或者说一个绽出的他者、一个贱斥体）——性〔也有人说：是性冲动（以死亡冲动为"载体"的性冲动）的对象〕——的脆弱关系中建立起来的，正是我们的语言和我们的言说所依赖的异质关系（生物学感觉的关系），我们的语言和我们的言说被

---

① ［美］史蒂夫·Z. 莱文：《拉康眼中的艺术》，郭立秋译，重庆大学出版社，2016，第 74 页。

这个关系所改变，并反过来改变性关系本身。①

其实，这种理论的连贯性根源于克里斯蒂娃对拉康主体理论的"三界"描述的改写：在拉康那里，主体需要在想象界、象征界、实在界得到理解；而克里斯蒂娃使用了符号态概念代替了拉康的实在界和想象界，并期望通过此概念深入探究拉康那神秘莫测的实在界的真相。她在1985年接受的一次学术访谈中阐明：

> 我确实觉得，符号域——如果你真想找出与拉康观念的对应的话——所对应的现象，在拉康那里同时存在于真实域和想象域当中。在他看来，真实域就是一个空洞，一种虚空；而我认为，在精神分析所关注的一些经验里……符号域的观念使我们得以讨论真实域，而无须简单地说它是一种空洞或空白，使我们得以尝试进一步深挖它。②

因而，克里斯蒂娃是在其个人特定的意义上使用符号态这个概念的，她将其界定为体现在语言中的多元性的力比多冲动。严泽胜将克里斯蒂娃的符号态和拉康的"三界"理论（想象界、象征界、实在界）做了比较："与拉康把真实域和想象域排斥在语言象征秩序之外不同，克里斯蒂娃把符号域看作是语言的一个维度，是象征秩序内部的一个永久的颠覆性力量的源泉。在她看来，符号域和象征域是同一意指过程的不可分割的两种意指模式，而两者的交互作用构成了社会性、文本性以及主体性

---

① ［法］朱莉娅·克里斯蒂娃：《克里斯蒂娃自选集》，赵英晖译，复旦大学出版社，2015，第8-9页。
② ［英］布莱恩·特纳：《社会理论指南》（第2版），李康译，上海人民出版社，2003，第214页。

形成的基本条件。"① 这当中，较为近似的是克里斯蒂娃的"象征态"概念与拉康的"象征界"概念；而克里斯蒂娃的"符号态"概念对应的是拉康的"想象界"和"实在界"。

第二节　从女性主体到女性禀赋②

身体作为主体的呈现载体，内在具有意义的维度。这一发现已经有符号学前驱者加以揭示。高概（Jean-Claude Coquet）的《话语符号学》就拿一个点"·"来代表身体：

> 为什么是个点呢？因为我们处在世界中，每个人都是一个中心，是世界的中心。我们处在宇宙之中，但我们是从自己的身体出发与这个宇宙发生关系的。因此，我们所在之地就是一个中心，一个身体的中心，一个产生意义的中心。只要我举起手来，这已经是意义的一种表示。坐着是意义的表示，站起来、走到门口、回来、下楼、上楼等等都应该被考虑进来。这是一些行为。所有的行为构成一个整体，一个可以被视为意义因素的整体。③

很显然，这种广义符义实践的"话语符号学"也被克里斯蒂娃的互

---

① 严泽胜：《穿越"我思"的幻象：拉康主体性理论及其当代效应》，东方出版社，2007，第278页。
② 本部分内容已作为独立论文公开发表于《学海》，2020年第2期。
③ ［法］高概：《话语符号学》，王东亮译，北京大学出版社，1997，第33页。

文性概念所继承。就像克里斯蒂娃注重汉语作为"徽标"的符号意义，高概也指出，"中国人对刻画符号很在行，甲骨文、金文、石经等等都是符号学的内容"①。由于这种开阔的符号基础，使得克里斯蒂娃的"主体"观可以渗透到种种艺术题材之中，比如绘画、音乐、宗教图案等等。而通过一种广义符号的诠释，克里斯蒂娃又能复返到自己对女性主义的独特把握上。这种独特把握的女性主义眼光，其根基就是具有互文特征的女性主体。主体在互文的视域中得到更大的呈现领域；而互文在主体的视域中得到深刻的精神分析诊断。

一、颠倒《时间揭示真理》的女性理解

《时间揭示真理》（Time Unveiling Truth）是意大利画家提埃波罗（Giovanni Battista Tiepolo，1696—1770）的一幅著名的油画作品，油画中，真理女神赤身裸体，斜坐在画面正中，似乎在发布命令；她的头顶有着象征权威的太阳；她的衣服被象征时间的农神萨图尔努斯揭下；地上的镰刀暗示着萨图尔努斯的身份；真理女神右脚下踩着代表人世间一切的地球，左脚隐没在衣服里；球体上放置着沙漏，象征人世的时间，其周围的镜子、鹦鹉、面具象征着人世的虚伪和谎言。②

这幅画被克里斯蒂娃视为一种女性主义思路：真理女神掌握了人间的秩序。然而问题是，克里斯蒂娃并不认可画作背后的这种女性理解，而认为它实则仍然代表父性秩序的幻想，并没有揭示女性的真理。因为，女性"真理"存在于在"时间"之外。

《时间揭示真理》想要表达的是"真理"在"时间"中被揭示，而"真理"将统治人间。萨图尔努斯与真理女神的关系是父女，因此这幅画并不具有情欲的成分，连丘比特都丢开了弓箭，回视着真理女神，与她

---

① ［法］高概：《话语符号学》，王东亮译，北京大学出版社，1997，第36页。

② 参照：https://www.mfa.org/collections/object/time-unveiling-truth-33707.

提埃波罗《时间揭示真理》（Time Unveiling Truth）

（藏于波士顿油画艺术博物馆）

的目光交汇在一起。

然而，克里斯蒂娃认为，画中的女神形象已经不再女性化了，而是被男性象征秩序所支配，即她被过度"菲勒斯化"了。不妨说，提埃波罗已经做了后来的弗洛伊德、拉康的工作——将对女性概念"菲勒斯化"，陷入俄狄浦斯阶段来阐释。这种"菲勒斯化"是一种男性幻想。拉康的象征界是以"菲勒斯"为中心的世界，为了避免对立的两极无限分裂下去，他将菲勒斯视为超验的能指，其地位无法取代。所以在拉康的理论中，父性的菲勒斯集合了父权、性别、法权、命名、象征于一体。由此，"菲勒斯"概念被用来象征永远不可能实现的完整、清晰、单一和逻辑，从而把破碎、混乱、多样和非理性排斥于象征秩序之外。在这种思路里，拉康的象征秩序实质上还是反映了"菲勒斯"中心主义的秩序，仍然是一种父性的"幻想"。而且，若我们仅以弗洛伊德或拉康的"俄狄浦斯阶段"加以解释，仍然会陷入父性的象征秩序之中。通过将精神分析学的"前俄狄浦斯阶段"和语言学的"符号态"两条路径的汇通，克里斯蒂娃颠覆了《时间揭示真理》的女性理解，走出了父权主义的幻想，建构了朝向可分享的女性禀赋，从而彰显出其女性理论的独特性。

克里斯蒂娃认为，艺术家怀疑"真理"与"时间"无关，这种真理来源于母亲，于是，他们通过在女性身体上寻找象征来提取真理。《时间揭示真理》就是在这种背景下出现的一幅作品。克里斯蒂娃认为该作品展现的实际上是一个陷阱。"承认我们，从我们出发。时间秩序的真理，阻止了我们去发现无意识的真理。"① 而这个无意识的真理是在现在—过去—未来之外的真理，就是说女性真理存在于时间之外。而父性的幻想如何在《时间揭示真理》中得以清晰地体现？在克里斯蒂娃看来：

> 其中女人试图取代真理，占据阳具的位置（提埃波罗的画里非常明显），她不再是与时间无关的，是无意识的、断绝和具有破坏性的，也不再是打破了时间秩序的、象征性秩序的力量，而是为了作为太阳神的情妇，当上完整的女祭司而试图取而代之。然而，一旦"真理"为了呈现自身而被剥光，"真理"也就丧失了自身：因为，实际上，她从来就不具备自身，她只存在于某种同一性的裂缝之中。②

如果对此加以明确，《时间揭示真理》代表着抱有父性幻想的艺术家（被克里斯蒂娃称为"恋物癖者"）试图通过在女性身体上寻找象征来提取"真理"。然而，这样的真理女神仰仗的仍然是其背后的权威，正如提埃波罗画面中显示的那样，真理女神头顶顶着的闪耀的太阳是其最有

---

① ［法］朱莉娅·克里斯蒂娃：《中国妇女》，赵靓译，同济大学出版社，2010，第32页。

② ［法］朱莉娅·克里斯蒂娃：《中国妇女》，赵靓译，同济大学出版社，2010，第31-32页。

力的依靠。对于克里斯蒂娃而言，任何象征秩序都是时间秩序，而女性真理，在象征秩序之外，在时间之外，没有过去、没有未来，也没有对错。

富有隐喻意义的是，《时间揭示真理》的真理女神坐在象征"时间"的腿上，而这条腿正是作为农神萨图尔努斯的阳具的延伸。克里斯蒂娃以一种调侃的语气评论道：

> 这是一个强奸还是交媾的场景？其构思的反常强化了我的困惑。"真理"在应该是左腿的地方长了一条右腿，这条腿是往前走的，在她自己和"时间"的生殖器之间。但是他的痛苦和她的神秘气息确实不是个人的。他俩的相互凝视被两个不发言语的局外人所捕捉：一个孩童和一只长尾小鹦鹉。这里的弓箭（爱神的？）和面具不是暗示"真理"的那些狡猾手段，如此武装的真理，不仅大摇大摆地走着，还从时间那里偷回了它的"虚假"，并把时间改造成了一个落魄的贵族，或一个愤怒的仆人。①

这个女性被过度"菲勒斯化"了，她挺立的上身甚至具有某种伟岸的男子气。克里斯蒂娃认为，具有男子气的女人在艺术家的眼里是最没有价值的。这样的女人存在于父性的幻想之中，并不是女性的真相。如何取得真相？她提出一种解决方式，那就是颠覆《时间揭示真理》中的女性理解。

在比喻的意义上，如果要颠覆《时间揭示真理》中蕴含的女性主义意图，将女性概念真正的能量激发出来，关键在于让真理女神脱离父性

---

① ［法］朱莉娅·克里斯蒂娃：《中国妇女》，赵靓译，同济大学出版社，2010，第30-31页。

的时间。由此，克里斯蒂娃的女性主义试图在批判眼光中重建女性理论。它不同于同时期的广为人知的经典女性主义研究者埃莱娜·西苏（Hélène Cixous）在《美杜莎的笑声》（1975）中所建立的男女二元对立模式。克里斯蒂娃在象征秩序的时间之外，发现了女性自身的时间，也就是"时间之外"的真理。

著名的《精神分析辞汇》从生物学意义、社会学意义以及心性意义三个维度阐释了拉康派的"男性特质/女性特质"。其中，心性意义与生物学意义、社会学意义，尤其是与社会学意义关系复杂："一个从事某种需要自主、刚强、开创等特质之职业的妇女，并不必然比其他女人更具男性性质。一般而言，就男性性质/女性性质这组概念来评断某种举止时，具决定性的是该举止的内藏幻想；而只有精神分析的探究才能发现这些幻想。"① 关于女性主体的幻想的研究，在拉康那里，被导向了"菲勒斯女人/母亲"。因为，精神分析中会有具有男性性器官的女人意象出现在梦中或幻想之中，这在弗洛伊德那里已被揭示了出来——恋物癖者如何以其恋物作为母亲阳具——他拒认其不存在——之替代物。而被拉康概括的母亲，也就成为某种围绕着"欲望意符"的俄狄浦斯情结的一环。

这种女性主体的认同被假定在男性的和父性的属性上，因为象征、意义、时间都被绑定了父性的符号。没有父亲就没有"时间"，"父权"本身就意味着"符号"与"时间"。然而，女性的"愉悦"其实是显现在"符号""意义""时间"的缝隙中。克里斯蒂娃将这种女性的真理视为时间之外的真理，因为"它非真非假，无法嵌入社会象征和言语的秩序之中，它是我们的愉悦，是我们眩晕时的言语，是我们妊娠的回

---

① ［法］拉普朗虚、彭大历斯：《精神分析词汇》，沈志中等译，行人出版社，2000，第249页。

响"①。她认为女人在妊娠、怀孕、生育的时间，脱离了人们日常符号秩序中的时间，因而不属于宇宙论的、客观意义上的时间。而且这个女性时间连象征化的意义都没有，类似于神话时间。

这个具有诗意的愉悦妊娠，正是女人真正的主体位置："愉悦打破了象征性的链条，摧毁了统治和禁止的链条，相对于科学、宗教和城邦的哲学而言，这是一种边缘话语（女巫，儿童，落后的，但诗人不在此列，诗人最多算是同谋）。……妊娠，是对另一种时间的接近，它并不比宇宙论的、客观的时间性更加人性化、更主观。"② 正是在时间和时间之间的缝隙中，需要有神话的时间形式来填补。神话时间形式是母性的，是所有故事的起源。这样克里斯蒂娃就颠倒了父性/母性的位置，凸显了母性具有的不同于父性的特征。

这个观点比埃莱娜·西苏在《美杜莎的笑声》中的表达更推进了一步。西苏认为，在男人眼里，女人终究是不可想、不必想的。女性要颠覆男性施加在其身上的秩序，就得要为这"不可想"和"不必想"注入意义。因此，写作是女性可以抵抗和颠覆男性菲勒斯中心的语言秩序的一个领域，她认为女人应该用自己的"躯体"来写作，凸显女性力比多及其无意识。然而，西苏的女性理解，仍然落入了《时间揭示真理》中的窠臼：表面上女性获得了自己的身体，但其背后处于支配地位的仍然是父性的时间。因此，对于克里斯蒂娃来说，"女性特质与生理特征之间并无必然联系，'女性书写''女人腔'本质上均不能脱离菲勒斯社会的象征秩序"③。

---

① ［法］朱莉娅·克里斯蒂娃：《中国妇女》，赵靓译，同济大学出版社，2010，第 33 页。

② ［法］朱莉娅·克里斯蒂娃：《中国妇女》，赵靓译，同济大学出版社，2010，第 30 页。

③ 傅美蓉：《以身份之名：法国女性主义批评中的性别差异》，《咸阳师范学院学报》2015 年第 1 期，第 5 页。

二、对"中国妇女"的理论诠释

1974 年，克里斯蒂娃和菲利普·索莱尔斯（Philippe Sollers）、罗兰·巴特等"原样"派成员，对中国进行访学之后完成的"速写"之作（之所以说是速写，是因为她自述"全文记下的是那些清晰的速写、信息群和走马观花的印象"），但是，这部著作对于克里斯蒂娃的中国经验来说却意义深远，她写道："如果我们对女性、对她们的处境、她们的差别不敏感的话，我们就会错过中国。"① 因为要关注中国，她首先关注了中国女性。

克里斯蒂娃所属的"原样"派，是指围绕在《原样》杂志周围的思想界知识分子，杂志的名字"原样"来自尼采的名言。尼采在表达自己对世界的感受时说："我要这世界是它本来的样子!""原样"派无疑是"当时最活跃和最具煽动性的团体"②。研究者看到，《原样》杂志"卷首语基本上暴露了它的文学意图，它要把诗置于心灵的极致。整班人员基本上都具有文学的目的，但是'科学'一词还是作为引语被印在了封面上"③。克里斯蒂娃一加入"原样"派，就同时卷入了真正的文化漩涡，她这样描述加入该团体的感受：

> 真正使我下决心想留下来的还是在初次和《Tel Quel》的人们以及菲利普·索莱尔斯见面的时候。我成了《Tel Quel》集体的一员，这给我在法国从事学术工作带来了更加稳定的地位。我们在雷恩街的咖啡馆里讨论到深夜，这里很多人是为了畅谈

---

① [法] 朱莉娅·克里斯蒂娃：《中国妇女》，赵靓译，同济大学出版社，2010，第 6 页。
② [法] 弗朗索瓦·多斯：《结构主义史》，季广茂译，金城出版社，2012，第 427 页。
③ [法] 弗朗索瓦·多斯：《结构主义史》，季广茂译，金城出版社，2012，第 345 页。

哲学和文学聚集在一起的。我熟悉了这样充满活力的知识社会，
因此我确信自己在国外也能生存下去。①

　　当时的法国人似乎在中国同时期的经历中看到了质疑苏联革命模式
之后的出路，他们希望在毛泽东领导的中国革命中寻找到解决法国社会
问题的范本。这些人对中国当时的社会表现出浓厚的兴趣，那时的中国
成为他们"寻求政治反抗模式和解决西方现代化危机的最佳样本"。1972
年，《原样》出版两期中国专号，介绍和宣传中国经历的事件。1974 年
就有了索莱尔斯、克里斯蒂娃、罗兰·巴特等应中国政府之邀访问中国
的"革命旅游"，他们参观了模范工厂、模范学校和模范出版社。克里斯
蒂娃回忆这段往事时不无失望地讲到她因为对中国思想很感兴趣，因此
报考了巴黎七大的中文专业。强烈的好奇心驱使她去了解在中国这样一
个不同的民族传统中，共产主义的承诺如何以不同于欧洲的方式实现。
因此，那次中国之行对她来说具有民族学、甚至人类学观察的意义。回
到巴黎后，中国之行的成员分别撰写了关于中国社会主义的文章和著作，
罗兰·巴特写了《中国行日记》，克里斯蒂娃出版了《中国妇女》。这也
基本为思想家们的"中国迷"时期画上了句号，他们在 20 世纪 70 年代
末转而支持东欧持不同政见者，变成了坚定的人权主义者。② 这就是克里
斯蒂娃创作《中国妇女》的时代背景。同时，也是在这部著作中，克里
斯蒂娃重点关注女性，显示出其研究路径的独特性。

　　克里斯蒂娃有个"女性"对抗"一神教"的图示思维，在这个图示
中她阐发了对"中国妇女"的独特理解。她的研究是对之前那些对中国
社会做宏观思想研究的先驱们的一种特殊的继承。例如，在德国哲学家

---

①　［日］西川直子：《克里斯托娃——多元逻辑》，王青、陈虎译，河北教育出版社，
　　2002，第 19 页。
②　［美］理查德·沃林：《东风：法国知识分子与 20 世纪 60 年代的遗产》，董树宝译，
　　中央编译出版社，2017，序言第 15-20 页。

戈特弗里德·威廉·莱布尼茨（Gottfried Wilhelm Leibmiz）眼中，中国思维体系中的"内在因果论""指向的是一个活生生的社会秩序"，"他们说出了受造物的真理"，因为，这些生命、知识、权威，被当作"人化的神"。莱布尼茨虽然概括出了中国思想的一些特点，甚至是"接近了中国思想的特质（务实性、永远专注于生命与社会的逻辑，但缺乏明晰的、对于'自在'的本体论关注）"，他还是偏离了中国思想本身，从而当他把"理"的异质性及其二分法（天与地、生与死、男与女等）归结为理性的笛卡尔式原则时，他最终错过了理解中国思想本质的路径。①

　　克里斯蒂娃跳出了这种将"中国"消融进"一神教"的阐释道路，拒绝将"中国"作男性化阐释。她对裹足的符号分析非常精彩，并将这个现象放在多个维度中去理解。首先是历史的维度，南唐后主李煜让他最宠爱的妃子裹起香足，这样就能够在一朵大莲花的雕像上跳金莲舞。这引发了贵族们的争相效仿。人们将那些五岁大的小姑娘们裹足，将足尖弯曲在脚心部位，用几米长的绷带裹住来阻止足部的生长。克里斯蒂娃对此评价道："通过对某种类似恋足癖的受虐行为的模仿，女人进入了'爱的法则'——眼泪和痛苦的法则。在这一法则之后，乃是关于婚姻的一种公共约定，或者是农业文明的、道家的或贵族的性取向。"② 因而，中国妇女身体上多了一个最为色情的性器官——足，但是，裹足这种行为实际上是对女性的严重伤害，同时，也损伤了女性的劳动能力，在今天它造成的严重后果就是阻碍了中国舞蹈业的发展。

　　其次是精神分析的维度，如果说在弗洛伊德那里，"阉割"一词意味着有些东西必须要被舍弃掉，才能使得社会象征性的秩序得以建立，

---

① ［法］朱莉娅·克里斯蒂娃：《中国妇女》，赵靓译，同济大学出版社，2010，第51-52页。
② ［法］朱莉娅·克里斯蒂娃：《中国妇女》，赵靓译，同济大学出版社，2010，第78页。

即"整体中被舍弃的那一部分，使得整体才得以可能构建为同质化的联盟"①。这种阉割概念，使得一个儿童通过"俄狄浦斯情结"成为一个象征界的主体。那么，对应着"阉割"概念的是西方的"割礼"，而不是中国的"裹足"。因此，克里斯蒂娃认为："人们发现，儒家体系与一神教体系的全部区别就在于：与裹足相对的是西方的割礼。这个体系与其说是阴性的，不如说是阳性的，它假定了社会和象征性的禁忌，伴随其中的是它们赋予的政治和象征性的知识。"②

弗洛伊德和拉康都将女性假想为一种缺失或者是阉割，而克里斯蒂娃看到很多宗教仪式都是在规定乱伦禁忌，以维持两性之间的区分。这就意味着男性权利让渡给女性。这样，克里斯蒂娃便超越了弗洛伊德和拉康。这里同时涉及她的另一个核心概念：贱斥。我们会在第三章进行阐释。

由此，在符号权力领域的地位似乎被克里斯蒂娃颠覆了：显然在现实历史中，女性受到了极大的身心损害，成为男权社会的一种牺牲品，而且男人不必承担这种"缺失"，它完全由女性担负；另一方面，正是女性裹足制造了一种阴性的禁忌形式，其承担者是中国的男性。而女性成为一种类似太极拳的"节奏"形式，它让中国人越过儒教父权的领地，置身于此虚空之舞中："最初的刺戳使身体展开一系列的动作，仿佛遵循一种无意识的节奏。既非有意，也非惯性，既不缓慢也不突然——方变成圆，圆成方，尽管身体占用了周围的虚空以便进退。肌肉上没有紧张，骨头也无所谓重量，但对手是虚空时，这个游戏的节奏好像在和血液一

---

① ［法］朱莉娅·克里斯蒂娃：《中国妇女》，赵靓译，同济大学出版社，2010，第79页。

② ［法］朱莉娅·克里斯蒂娃：《中国妇女》，赵靓译，同济大学出版社，2010，第80页。

起流动。"① 之所以说这种"节奏"形式是母性的，或者说是阴性的，是因为它与儒教等级父权制的仪式构成了一种逃逸关系："阴并不一定是指女性的，也可能是习俗结构的反面，它和支配力量相对立，是空洞和无时间的。"②

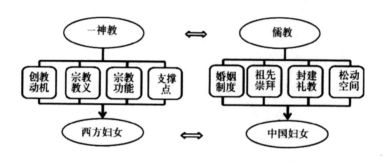

一神教和儒教的平行性类比示意图（杨春芳）

《中国妇女的"马赛克图像"——论克里斯蒂娃的〈中国妇女〉想象中国妇女的方法》一文中，作者制作了一个简明的"一神教和儒教的平行性类比示意图"。在这个图示中，中西方的一神教/儒教及其下端的妇女，形成了一种类比想象。该论文认为：

　　在学术上博杂多方的克里斯蒂娃为避免陷入文化空想主义的泥坑，注重直接认知与间接认知、理性认知与感性认知、演绎与归纳的辩证统一，努力"探索思维的新领地"，在人类学、社会学、文学、妇女学、考古学、政治学、历史学、法学、哲学、宗教等多学科的知识架构中打开了阻碍中西文化交流的

① ［法］朱莉娅·克里斯蒂娃：《中国妇女》，赵靓译，同济大学出版社，2010，第93页。
② ［法］朱莉娅·克里斯蒂娃：《中国妇女》，赵靓译，同济大学出版社，2010，第93页。

"百叶窗""调适自己的眼镜片"，热情关注中国的发展，尤其关注中国现代妇女生存的现实境遇与发展。①

虽然论文作者看到了儒家的压抑性给予女性一定的松动空间，看到"即使在儒教体系的魔掌下，中国妇女偶尔也能获得政治和意识形态表达的途径，并用曾活跃于文化场上的女性文人秦苏蕙等，军旅场上代父从军的女英雄花木兰，宫廷里摄政的武则天等，家政场上的孟母、《红楼梦》中的贾母等作为例证"②，论文作者还是忽视了克里斯蒂娃提出的"中国妇女"概念的核心意蕴：在父权符号下的"永恒衬里"（doublure éternelle）。

这个"永恒衬里"显示在克里斯蒂娃观察到的中国社会的太极拳、道教、裹足之中："就像道教构成所有中国人朴素却永恒的衬里一样。这原本存在于我们西方家庭的'另一个场景'，是给予了我们'神圣'和'色情'或者'极权的'对立面，我们却忽视了它们的缺失。"而缺失的原因是"因为它们不经常显现，总是无声无息地流淌，几乎难以察觉"。道教"通过把'色情的'和'神圣的'因素结合为彼此不能分离的整体，它历来就浸淫于中国人的生活"，成为中国人的生活的"永恒衬里"，也成为性别差异内在推动力的衬里，它"不同于我们西方的社会基础"，由此克里斯蒂娃不禁发出疑问，"它能确保中国远离我们西方理性中的那种极权主义盲目吗"③？所以，后来克里斯蒂娃一直对1974年的中国之旅保持有很好的印象，并着力于揭示中国革命中的妇女解放运动不同于西

① 杨春芳：《中国妇女的"马赛克图画"——论克里斯蒂娃的〈中国妇女〉想象中国妇女的方法》，《中国比较文学》2016年第3期，第19页。
② 杨春芳：《中国妇女的"马赛克图画"——论克里斯蒂娃的〈中国妇女〉想象中国妇女的方法》，《中国比较文学》2016年第3期，第19页。
③ [法]朱莉娅·克里斯蒂娃：《中国妇女》，赵靓译，同济大学出版社，2010，第146页。

方妇女解放运动的独特性所在。后来，她在复旦大学的讲演中回忆那个时代的妇女运动，充满感情：

> 我接触了许多妇女领导者，她们有的是幼儿园园长，有的在大学里工作，有的是学者，有的是农民，有的是画家，等等。这些妇女领导给我留下了非常深刻的印象。回到法国之后，我就把中国妇女解放给我带来的震撼写成了一本书，名叫《中国妇女》(Des Chinoises)。出于这个原因，我的中国印象与罗兰·巴特的完全不同，完全不是他说的那种单调与黯淡。中国妇女令我感到激动。①

但是，书中对中国妇女状况的描述并不完全符合中国妇女运动的实际状况，只是"以我们西方的标准来评价他国的现实，这个标准对他们做了一个美丽的投射"②。

三、走向"女性禀赋"的女性主义

女性主义思潮兴起于 19 世纪上半叶，但其大规模地渗透到其他各个学科是在 20 世纪 60 年代，与欧美的妇女解放运动是同时期兴盛起来的。从学术史的承接来看，当时的妇女解放运动主要以消除两性差异、批判性别歧视和男权为基调，属于一种对抗式的差异化。在 20 世纪 60-70 年代年代，女性主义与精神分析、解构主义等思潮相结合，几乎改写了西方学术思想的格局。很多具有精神分析理论和实践素养的研究者，成功

---

① [法] 朱莉娅·克里斯蒂娃：《主体·互文·精神分析：克里斯蒂娃复旦大学演讲集》，祝克懿、黄蓓编译，三联书店，2016，第 87 页。

② [法] 朱莉娅·克里斯蒂娃：《中国妇女》，赵靓译，同济大学出版社，2010，第 1页。

地融合了精神分析学和女性主义思潮。而克里斯蒂娃就是其中的佼佼者。

作为一个精神分析女性主义的思想流派，女性主义通常被人们关联于文学研究，并定义为："将女性写作的不同归入作家心理、性别与创造过程关系的范畴，其关于女性心理和主体的理论吸收了生物学与语言学的性别差异模式，认为女性心理或主体是在身体、语言的发展中，以及其适应社会生活需要的性别角色的基础上形成的。"① 最早进行女性主义理论探索的埃莱娜·西苏，在《美杜莎的笑声》中试图颠覆女人作为接受者的概念。西苏认为，太阳/月亮、昼/夜、父亲/母亲、主动/被动、文化/自然、理智的/感性等等一系列二元对立的概念与词语之中，都深层隐含着一个"秩序"的概念。在这个秩序之中，男性其实是压倒女性的，男性居于第一位，女性居于第二位。女性成为这个秩序当中附属的、次要的部分，这就导致了女性只能拥有两种地位：一种是成为"他者"，另一种是成为"缺席者"②。

克里斯蒂娃的女性主义理念，反省了 20 世纪的女权运动的思想逻辑。20 世纪的女权运动，其背后蕴含着二元辩证法的陷阱。而这个二极世界（善的或恶的，主人的或奴隶的），除了永久的战争外，仍然有其他出路：一种"禀赋"的所在。所谓"禀赋（génie）"③，在拉丁语里是"genius"，在希腊语里是"daimon"，指的是与生俱来、赐予奇运的神灵。克里斯蒂娃认为它是个性最有魅力的呈现，也是最为复杂、最丰富的呈现。汉娜·阿伦特（Hannah Arendt）对这一术语有着自己的见解，她认为"禀赋"是从神向人的降落，而克里斯蒂娃则说："我用'天才'来指'超越'，对自我的超越。任何一种创造活动都需要超越自我，需要我

---

① Elaine Showalter. *Feminist Criticism in the Wilderness*, In *The New Feminist Criticism Essays on Women*. New York: Pantheon Books, 1985. p. 256.

② 张京媛：《当代女性主义文学批评》，北京大学出版社，1995，第1-4页。

③ 法语为 génie，中文有不同的译法：天才、特质、禀赋等。本论文中译作"禀赋"，但在引文中仍保留了原文译法。

们挖掘出自我中最特殊的一面，同时也可以与人分享。"① 因为降落是一个外在赋予的过程，而"禀赋"首先是一个自我发明的过程。无论是对于男性还是女性来说，这种"禀赋"，都已经内在于肉身。所谓的"创造"和"艺术"的潜能，就在于激活这种内在的"自我超越"的、自我当中最为特殊的一面。这种可分享的"禀赋"，为男女性所共有，然而在精神分析学上它诞生于"与母亲的关系"之中。因而，克里斯蒂娃女性理论所具有实践性，就在于它是一种引导男女性面对自身陌异性、天才性的自我超越的理论。这种理论可以简单地概括为一种可分享的"女性禀赋"。

克里斯蒂娃所谓的面对"禀赋"的超越，就是面对自我的"特殊性"。因为她有一个对时代的根本论断："在这个时代，一切善或恶的平庸化使我们远离了对个别性的关注。"② 在意识形态和自由的两端之间，知识分子需要重新选择自己的话语类型，才能抵抗意识形态对自由的侵蚀。过去，人们采用的是排犹主义等极权主义形式来扩大意识形态，现在，意识形态获得了新的形式："……在这个意义上，造就了一个性伪善的'9·11'空间。继'9·11'恐怖主义之后，流行疫病和原教旨主义的威胁，鼓励了安全的因循守旧主义的回归，我们都陷入了身份的僵化、说教的意识形态之中，或者被披头纱穿长袍，或者其他仿古服饰的保护者们围堵。"③ 这个"性伪善的'9·11'空间"仅仅看到目前已经加速了的性解放所造成的传统关系的破裂，侵犯了用压抑换来的和平。然而这个空间之外，还需要有人选择重建自由的空间。正是在与意识形态作

---

① ［法］朱莉娅·克里斯蒂娃：《主体·互文·精神分析：克里斯蒂娃复旦大学演讲集》，祝克懿、黄蓓编译，生活·读书·新知三联书店，2016，第84页。
② ［法］朱莉娅·克里斯蒂娃：《独自一个女人》，赵靓译，福建教育出版社，2015，第14页。
③ ［法］朱莉娅·克里斯蒂娃：《独自一个女人》，赵靓译，福建教育出版社，2015，第15-16页。

思想斗争的方面，克里斯蒂娃与其导师罗兰·巴特站在了同一阵营。

罗兰·巴特考察资本主义的权力语言，并将其修辞过程加以拆解，从而在"文"的展开中抵抗了意识形态的侵入。屠友祥先生认为：

> 与局域、固定的空间相对者，则为散逸，为离题，漂移。这是《文之悦》的一个重要思想。"'文'自身是散逸的，倘若不在其消费上，则至少在其生产上，是如此的。它不是专用语，不是虚构，在它之内，体被拆去了边，散开来了（这般将边拆去，这般叛逸离丧，便是意指过程）。基于这种散逸，'文'攫住了它的读者，与其在一奇异的境况里交流：拒斥，宁静，两者兼有。"（《文之悦》"二十、战争"）①

意识形态在巴特的语言理论中散逸而无法归类、无法凝固，那么，罗兰·巴特对意识形态的抵抗就停留在"文之悦"中。罗兰·巴特认为的无法归类、无法凝固的部分，克里斯蒂娃认为是在"爱"中被给予的。邓斯·司各特（John Duns Scotus）说过，"我爱：我愿意你是那一个"（"Amo：volo tu sis"），在克里斯蒂娃这里被转化为："爱，即是愿意他（她）是特殊的那一位。或者说，这是爱，或者是移情—反移情，它使一个特殊于他者的存在成为可能。"② 所谓"特殊的那一位"，正是在召唤女性天才式的"一种不可化约的特殊性"。爱是类似艺术的东西，是在"象征态中更明显地溢出了符号态的内在性"。获得爱艺术，以抵抗这个意识形态化的符号态世界，其路径就在于恢复与母亲的关系：

---

① ［德］弗里德里希·尼采：《古修辞学描述（外一种）》，屠友祥译，载《局部与散逸》，上海人民出版社，2001，第187页。
② ［法］朱莉娅·克里斯蒂娃：《独自一个女人》，赵靓译，福建教育出版社，2015，第14页。

　　"艺术"以节奏改造语言，以文体修辞改造"不规则结构"，这是语言中的"乱伦"。按照马拉美的说法，风格确保了"文字音乐性"① 的闯入。在 20 世纪末的现代艺术中，我们发现了一种亢进的甚至是悲剧的现象。这个过程非常接近精神分裂症……相反，在这一过程中，现代艺术却成功了，现代艺术家们处在崩溃的边缘，在他自己的位置上虚构了一种新话语和新宇宙，他重新提出了这一要求。不然就去看阿尔托、乔伊斯的那些词语百宝囊、超现实主义者和"原样"团体的一些文本吧。②

　　在象征态崩溃的边缘，并不纯然是一个无能、妄想的世界（正如规则试图警告人们的那样），同时也存在着一些为艺术家们所践行的"一种新话语和新宇宙"。它不同于抑制与母亲有古老联系、更理性的象征态，克里斯蒂娃将这个空间命名为"符号态"（le sémiotique）：

　　我认为通过倾听和自我倾听，它涉及不去抑制与母亲的古老联系，这个阶段（或者符号表示），我称之为"符号态"；与之相反，给予它表现方式和陈述的可能，也不割裂它与更理性的"象征态"的联系，后者认识到前者，并把它引导到意识中去。……创新从来不是父性言语的重复，也不会逃向始祖母的庇护。创新假定主体——必要时是女人，能够承载所有的心理装置和所有潜伏的力比多，并将它置于"象征态"的体验中。

① 马拉美认为文字中有音乐（la musique dans les lettres），这种音乐主要存在于诗歌的节奏里以及散文中。克里斯蒂娃受这一点启发，展开对诗性语言（le langage poétique）的思考。
② ［法］朱莉娅·克里斯蒂娃：《独自一个女人》，赵靓译，福建教育出版社，2015，第 108 页。

那就不存在创新，尽管它属于某个领域，如果它确实是不断更新的，但这个领域不是完全的力比多，在"象征态"中一再而再地复苏。……如果节奏、精神病人的新词语和前俄狄浦斯在母亲这边，来自女人，那么我们就可以说，所有的创造恢复的不是差异，而更应该是作用于两性之间的双性倾向（la bisexualité）。①

虽然，这两种状态往往被人们切为两半，而艺术家的职责便在于将"符号态"的经验引入到"象征态"之中，直面这两种空间所产生的矛盾——"为了完成一个作品，那必然需要一定的压抑，后者（符号态）面临着精神和生命的危机，但那不是一种毫无益处的危机：'象征化'的诉求和冲动的呼唤之间的矛盾总在那里，这是对权力的确认和在此更新的矛盾，它也是新事物来临前的考验。"② 艺术家首先要抵抗的，恰恰是社会上习以为常的性化区分：这是男性的，那是女性的。真正的"女性禀赋"的特殊性，是在此二元对立之外的非象征的符号存在，而且，这种女性经验是可以为男性、女性所共同完成的特殊性和差异性。

克里斯蒂娃在三位女性作家的作品中看到了这种"女性禀赋"的因素。无论对于男性还是女性来说，这种禀赋，都已经内在于肉身之中。所谓的"创造"和"艺术"潜能，就在于激活这种内在的"自我超越"、自我当中最为特殊的一面。在完成对自我超越的意义上，她们是克里斯蒂娃充满友爱的前驱。

她认为，"超越"的概念具有"个体"化的普世意义。

人权，包括女性人权，其实最终是"ecceitas"的实现。

---

① ［法］朱莉娅·克里斯蒂娃：《独自一个女人》，赵靓译，福建教育出版社，2015，第107–108页。
② ［法］朱莉娅·克里斯蒂娃：《独自一个女人》，赵靓译，福建教育出版社，2015，第111–112页。

"ecceitas"是中世纪哲学家邓斯·司各特（Duns Scot）提出的思想。"ecce"是一个指示代词，相当于英语的"this"、中文的"此"。"ecceitas"即个体特殊性，它让我们关注个体的发展。阿伦特区分"无论哪个人"和"那个人"。"天才"不过是"这一个人"的个性最复杂、最有魅力、最丰富的呈现。它出现在某一历史时刻，并由此而立足于人类的时空。我想，女性主义在新的阶段所要倡导的就是这种个体特殊性。这不是要放弃普世性，而是要通过个体特殊化的路径实现普适性。①

女性个体的实现，也意味着男性个体的实现，只有在人的个体性的充分实现上，自由才有可能。而这种自我实现，就是司各特的"ecceitas"的实现。在以往的女权主义者中，波伏娃已经发现了女性个体被群体性意识形态所压抑的内核。波伏娃（Simone de Beauvoir）在《第二性》中认为，男权主宰的社会历史塑造了女性，女性个体由此被剥夺了超越的权利，她只不过是被置于与男性的关系之中，而后者总是凌驾于其之上。克里斯蒂娃的补充在于这种女性个体的自由，关键在于特殊性不仅仅是一种抵抗，也是一种新的共通的创造性。它关联于女性的创造性自由，也关联于男性的自我实现。

可以说，在男性/女性的个体特殊性中发现可分享的双性特征，正是克里斯蒂娃符号学思想和女性理论的交汇之处。它是其将在"象征态"之外寻找异质的、他者符号态的努力浸透到性别理解之中的产物。那么，克里斯蒂娃的女性主义思想和符号学、诗学，都具有"陌异性"的共同的内核。在这个意义上，克里斯蒂娃超越了过去时代的女权运动。她认识到这种陌异性、个体特殊性正是二元对立模式所忽视的因素：

---

① ［法］朱莉娅·克里斯蒂娃：《主体·互文·精神分析：克里斯蒂娃复旦大学演讲集》，祝克懿、黄蓓编译，三联书店，2016，第90页。

如果双性不再是一种罪，如果个体特殊性获得重视，那么每一个人都可以拥有属于自己的双性特征。我认为，20世纪是一个二元对立、把男女两性对立起来的时代。女性反抗男性，追求解放，同时也造成了几个后果：家庭危机、男性危机、针对女权主义的敌对情绪，以至于造成某种向传统模式的倒退，例如家庭妇女模式，以及为传统护驾的宗教的复归。这些在西方社会都可以见到。女性在性别、社会、政治各领域的解放，使她登上了现代城邦林林总总的知识与能力的舞台，也激起了关于女性与男性"平等而有别"的追问。①

在这个20世纪的伟大追问面前，克里斯蒂娃的补充在于："每个主体默默地在自己的内部孕育出一个特殊的性别，那里正是天才的居所，而天才也就是创造力。"②

克里斯蒂娃的女性理论，面对着20世纪的女权主义运动，最后抵达的就是一个特殊性的自我实现之域。她借助"女人"这个父权社会符号秩序中的特殊者，揭开了人类返回创造力源头的使命，而且在此过程中，女性所扮演的是激活"象征态"表面之下的"陌异性"的伟大作用："面对女人，我们有机会利用生物学的特性，在资本主义一神教中来命名她们，这些站在表达入口处的女人们，声音暗哑，总是这个社会统一体的异乡人。"③ 女性不仅仅是社会的"异乡人"，女性也使个体认识到自

① ［法］朱莉娅·克里斯蒂娃：《主体·互文·精神分析：克里斯蒂娃复旦大学演讲集》，祝克懿、黄蓓编译，三联书店，2016，第107页。

② ［法］朱莉娅·克里斯蒂娃：《主体·互文·精神分析：克里斯蒂娃复旦大学演讲集》，祝克懿、黄蓓编译，三联书店，2016，第107页。

③ ［法］朱莉娅·克里斯蒂娃：《中国妇女》，赵靓译，同济大学出版社，2010，第6页。

己内在的异。只有颠覆油画《时间揭示真理》的结构，不再依赖父性"时间"的力量，才能发现女性自身力量的真正来源。并不是"时间揭示真理"，而是女性"真理"超越"时间"，这种自我超越的、可分享的力量即"女性禀赋"。于是，女性成为"真理"的一种表述："愉悦、妊娠和边缘的言语，就是被象征性秩序以及世界秩序的真理遮蔽，就是被温和化了的那个真理，它们借由妇女发挥着功效。"① 在被克里斯蒂娃颠覆的《时间揭示真理》中，女性不需要凭借父性秩序的权威，因为"女性禀赋"自身本就是但丁的《神曲》中贝阿特丽采（Béatrice）的角色。这个女性委托罗马诗人维吉尔（Virgil）引领但丁穿过地狱、净界，而后自己出现在但丁面前，引导其游历天国，得见上帝。克里斯蒂娃女性理论的终点，就在于这种自我超越的呼唤。

第三节　可分享的自我的陌异性

克里斯蒂娃从精神分析学的角度探讨女性主体和"女性禀赋"，从而将前俄狄浦斯主体的存在转化为一条具有批判性的上升之路。而且这种探讨主体内在的陌异性维度是普遍的，每个人都具有这种可能性。传统语言学仅仅将主体视为一个笛卡尔意义上的超验自我，对这个超验自我以外的事情一概不知。所以，相比于传统语言学的主体维度，克里斯蒂娃将前俄狄浦斯的精神分析维度注入语言学之中，并定义出了"子宫间""符号态"等主体空间。这种探究的思路，似乎是一种对主体的外缘式探究（不自足性），同时也是一种内缘式探究（内在的分裂）。也就是说，

---

① ［法］朱莉娅·克里斯蒂娃：《中国妇女》，赵靓译，同济大学出版社，2010，第30页。

主体不是自足的，主体也不是超验的；主体依赖于外在的陌异性（两个主体之间的陌生性），也依赖于内在的陌异性（主体内在的异）。而且，每个个体内在的陌异性，恰恰是人与人之间的普遍性。准确地说，克里斯蒂娃的理论能从语言符号学、精神分析学转向一种人文主义的关键，就在"以'自我之异'为核心的新的人文主义"①。而她本人也始终坚信，"我是且将永远是一个陌生人"②。

克里斯蒂娃关注的重心在于自我内在的陌异性，这与拉康总是关注"缺失""匮乏"不同。对于拉康而言，精神分析学是一个关于欲望的理论，而且是一个内在缺失的欲望理论；对于克里斯蒂娃而言，并非是拉康的理解有问题，而是应该将拉康的理论进一步发展：因为在缺失之前，陌异性就已经存在于自我之中了。

人对自己的陌生感的体认，主要来自无意识的层面。弗洛伊德将人们的目光从外在的陌生转向对内在陌生的探寻，从有意识层面退回到无意识层面。拉康说无意识就是我们的"地狱"，在克里斯蒂娃这里解读为"无意识里面储存着许多危险的东西"。而陌异感就存在于无意识之中。在这个陌异感概念出现之前，弗洛伊德用"压抑"来表达；从这个"陌生的自我""陌异性"概念出发，后来的克里斯蒂娃用"贱斥"（abjcction）来做进一步说明。

有学者注意到，克里斯蒂娃探究主体的外缘情况（即探究"异"的所在）的思路，来源于两大运动："首先是佛洛依德（即弗洛伊德）精神分析上的种种发展，柯姝恩（即克莱恩）《儿童精神分析》即属之，所论者为意符（能指）与符指（所指）之间的'起意'而非论定关系。

---

① ［法］朱莉娅·克里斯蒂娃：《主体·互文·精神分析：克里斯蒂娃复旦大学演讲集》，祝克懿、黄蓓编译，三联书店，2016，第118页。

② Julia Kristeva. *Je suis et resterai une étrangère*. In *Le Grand Entretien*，Philosophie magazine n°135，décembre 2019/janvier 2020.

其次是符号学自己的沿革，班文尼斯特的著作即为一例。"① 这样，精神分析学运动与符号学运动便通过克里斯蒂娃的主体理论交织在一起。描述这个主体（尤其是女性主体），不仅需要探究"前俄狄浦斯阶段"，而且需要探究符义实践的"前象征阶段"，即"符号态"。克里斯蒂娃在这两种独特的研究思路中，总结出"陌异性"（陌异感）的概念，看到了"异"对于理解主体的关键性。其实，拉康早就指出，"无意识是大他者的话语"，在人的主体的无意识当中本身就具有陌异性的他者维度。这种陌异感"常常来自属于另一个族群或说另一种语言的人。但所有这些感觉，实际都来源于我自己的障碍，反映出我难以面对异己的困难。我不知所措，无力重走出生以后的轨迹，以找回自我"②。

人们其实并不真正了解"自我"的构造，所以说这是一个"陌生的自我"。这种陌异性实际上是每个人（无论男性还是女性）所共有的。由于表达这种"陌异性"的手段主要不是象征态语言，那么表述责任就主要由符号态语言来承担了。此外，女性主体因为关联着"前俄狄浦斯阶段"，因此与符号态关联最为紧密，所以，陌异性也主要由"前俄狄浦斯阶段"的母性经验来呈现。

一、母性孕育生命的经验

女性会怀孕，因此，女性天然就具有体验"内在陌异性"的构造。克里斯蒂娃在《女性的时间》（*Le Temps des Femmes*）一文中对女性主体的孕育经验进行了如下的理论阐发：

---

① ［美］迈可·潘恩：《阅读理论：拉康、德希达与克丽丝蒂娃导读》，李奭学译，书林出版有限公司，2005，第236页。

② ［法］朱莉娅·克里斯蒂娃：《陌生的自我》，黄蓓译，《当代修辞学》2015年第3期，第25-32页。

怀孕似乎被视为主体之分裂的重要经验。这种分裂表现为：一体之内产生另一体，自我与他者、自然与意识、生理与言语的分离和共存。伴随这个对主体的挑战，是对整体——自恋的完整——的幻想，即一种制度化的、社会化的、自然的精神变态。孩子的降临人世，将使母亲进入经验的迷宫；如果没有孩子，显然难以遇到这类经验。①

然而，这个过程并不是顺利的，仍然会有从开放的"女性禀赋"向唯我论的"男性禀赋"封闭的可能。克里斯蒂娃看到了孕育过程的危险性，她认为：母性在孕育生产的过程中，必须制造出一种空洞，即将自己视为一个空洞的空间，才能允许孩子自主地获得自己的语言。这个过程充满爱，这种爱是一种平衡的爱，是一种母性的激情得到化解的爱。因为一旦母亲试图占有、控制孩子的生长，那么，"女性禀赋"就坍塌为"男性禀赋"——"其更易于卷入唯我论的化身或者主观性的悲剧"。克里斯蒂娃认为，"对于一个女人，尤其是母亲来说，她确信从一开始就存在他者，并没有任何田园诗意。因为，正是不稳定性构成了这种早期对象关系的特征"。这种不稳定性带来了危险，母亲与孩子的关系容易转向危险的一面："躁狂的兴奋、抑郁或者暴力，朝向对象或者自我，进行投射认同。"同时，它也可以转化为一种新的关系："这个悲剧也可能是一个契机，因为激情允许母亲去建构一种与他者的可能关系，酿造一种激情的毁灭，构成所有关系空间的基础。"②

那么，如何将"悲剧"转化为"契机"呢？克里斯蒂娃的方案是：将母性视为一个平衡的空洞容器，这种空洞性将承受孩子的自我独立并

① 张京媛：《当代女性主义文学批评》，北京大学出版社，1995，第365页。
② ［法］朱莉娅·克里斯蒂娃：《独自一个女人》，赵靓译，福建教育出版社，2015，第157页。

化解母性自身的过度激情。在此，克里斯蒂娃讨论了宗教的功能，因为她认为宗教对社会发挥的治愈功能，恰恰类似于母性怀孕的自我"升华"——两者的共同之处在于，以"空洞"来承担安抚的功能。她说："母性的激情分裂为占据和升华。这种分歧，使她面临着疯狂的永恒危险，但是这种危机也蕴藏着文化的永恒契机。围绕着这种分裂，宗教的神话已经编织起它们的面纱。在圣经中，女性是'空洞'（trou）（这是女人的意义），或者是女王。"① 通过分裂自身编织出空洞的空间，用来平衡情欲、激情的危险性，是女性和宗教共同的使命。这种升华担保了人性的存在。换句话说，自我内在的陌异性，使得"他者"成为"自我"的构成部分，化解了"自我"的偏执。

通过怀孕，女性能够体验到主体当中的"他者"，并对这个"异"产生爱。这种陌生感和与之关联的爱的能力，本身就蕴藏在"陌生的自我"这个概念之中。这是一种人道主义的理论，人能感知到虽然与自己陌生，但仍然能产生爱的对象（这个对象，根源于自我的陌异性）。

二、从自我的陌异性到一种人文主义

玛莎·纳斯鲍姆（Martha Nussbaum）是美国的伦理学家，她对古希腊罗马世界中关于运气、德行和情感结构的深入分析与她对当代世界的思考有着密切的联系。她关注人性培养问题。她的人性理论是可以拿来和克里斯蒂娃的"陌生的自我"做比较的。克里斯蒂娃的理论通过"陌生的自我"推导出人文主义，而纳斯鲍姆的理论则通过"善的脆弱性"推导出人文主义。两者对"陌异性"的关注角度不同，但却具有同样的宗旨：克里斯蒂娃更多地关注内在自我的陌异性，并关联于女性主体来考察，而纳斯鲍姆主要关注外在命运的陌异性，并关联于希腊文学与哲

---

① ［法］朱莉娅·克里斯蒂娃：《独自一个女人》，赵靓译，福建教育出版社，2015，第163页。

学来讨论。

相比于克里斯蒂娃面向内在自我的陌异性，纳斯鲍姆面向了对外在命运他者的坦然接受，她在采访中曾说：

> 成为一个好的人就是要有一种对于世界的开放性、一种信任自己难以控制无常事物的能力，尽管那些事物会使得你在格外极端的环境中被击得粉碎，而陷入那种环境还不是你自己的过错。如下说法都表达了一些关于伦理生活的人类条件的重要看法：这种生活的根基在于信任变幻不定的事物，在于愿意被暴露在世界中，在于更像一株植物（一种极为脆弱但其独特之美又与其脆弱性不可分离的东西），而不是一颗宝石。①

在纳斯鲍姆看来，"人性的卓越与最美之处，正是它的脆弱性。植物之美在于它的柔韧，不同于宝石之美（即它炫目的坚硬）。柔弱和坚硬表面上是两种不一样的价值，而且似乎是两种互不兼容的价值"②。

克里斯蒂娃的"女性禀赋"与"男性禀赋"，正好可以对应纳斯鲍姆脆弱的"植物"与坚硬的"宝石"，因为克里斯蒂娃在母性内部遭遇的"危险性"正好呼应了纳斯鲍姆在外部命运中遭遇的"脆弱性"。然而，无论是克里斯蒂娃内在的陌异性，还是纳斯鲍姆外在的脆弱性，都能建构一种新的人文主义理想。前者在基督教的圣母像中看到了一种艺术的安抚力量；后者在古希腊文学和哲学中看到了一种深刻的人性论，并发展出一种独特的正义理论。二人作为女性思想家，其实都属于克里斯蒂娃定义的"女性天才"——能够发现陌异性，并领受这种命运之人。

---

① ［美］玛莎·C. 纳斯鲍姆：《善的脆弱性：古希腊悲剧与哲学中的运气与伦理》，徐向东、陆萌译，译林出版社，2018，第3页。

② ［美］玛莎·C. 纳斯鲍姆：《善的脆弱性：古希腊悲剧与哲学中的运气与伦理》，徐向东、陆萌译，译林出版社，2018，第2-3页。

第三章

开放的新人文主义：克里斯蒂娃的文化批判思想

> 面对全球化市场，面对力图通过经济繁荣确立自己地位的竞争者，我建议大家一起思考以"自身之异"为核心的新的人文主义。我们需要挖掘每个人的异质性，每个人的独特性，而这个独特性同时又具有可分享性，能够尊重他人。它的实现基于各种方式的交流，包括语言，包括对话，包括人文科学，也包括人与人之间的宽容。①
>
> ——朱莉娅·克里斯蒂娃演讲语录

学界通常把克里斯蒂娃的理论划分为三个时期：互文性理论阶段（20 世纪 60 年代中期至 70 年代初）、符号学阶段（20 世纪 70 年代）和精神分析学阶段（20 世纪 80 年代至今）②。这样的划分无疑有其道理。但在笔者看来，克里斯蒂娃的理论其实并没有所谓的前期、中期、后期之分，因为她一直都没有偏离她最初的理论方向，只是其理论所涉及的

---

① ［法］朱莉娅·克里斯蒂娃：《主体·互文·精神分析：克里斯蒂娃复旦大学演讲集》，祝克懿、黄蓓编译，三联书店，2016，第 118 页。
② 殷祯岑、祝克懿：《克里斯蒂娃学术思想的发展流变》，《福建师范大学学报（哲学社会科学版）》2015 年第 4 期。

领域越来越开阔了而已——从小说、诗歌、女性主义，进入到神学、艺术、文化政治的领域。而且，这个理论大厦的根基始终是"主体与互文"，也就是兼具符号学和精神分析学，其应用就是"新人文主义"的文化批判思想。从"主体与互文"过渡到新人文主义的文化批判观是顺畅的，因为，克里斯蒂娃在重构神学、诗学和艺术时，就调用了互文性实践。

纵观克里斯蒂娃的著作，现代社会和文化中的意义和表征问题十分突出。她也在不同的场合多次表明对时代问题的关注，如 2011 年在阿西西跨宗教会议上，她提出了"21 世纪人文主义的十项原则"；2019 年接受采访时，她在思考帮助欧洲摆脱困境的出路。克里斯蒂娃的研究者诺艾乐·马克非（Noëlle McAfee）研究克里斯蒂娃潜在的政治理论，认为克里斯蒂娃的政治理论貌似不存在，可实际上，"克里斯蒂娃的政论文章和演讲倾向于从法兰西共和国所体现的启蒙普世价值优越性的假设开始，并最终将其应用于残疾、移民和宗教等问题上"。①她认为："为了重拾人文主义的普世抱负，必须将这些价值体现在每个人普遍陌生化的个性化陪伴中。"② 因此，克里斯蒂娃声称自己是一个新的人文主义者③。她的新人文主义思想可以概括为：

---

① Sara G. Beardsworth, *The philosophy of Julia Kristeva*. Chicago：Open Court Publishing Company，2020. p. 839.

② *La personne au centre-Entretien avec Julia Kristeva*. Propos recueillis par Georges Nivat et Olivier Mongin, Esprit, juillet-août 2019. http：//kristeva. fr/la-personne-au-centre. html.

③ 《陌生的自我》中提道："这是一种新的人文主义，是提倡友爱的人文主义。""弗洛伊德提出的是一种新的人文主义"在"弗洛伊德开启的这种新的人文主义道路上，我自己也在不懈地尝试和努力"。精神分析学的人文主义同样是为了建立人与人之间的互助互爱，但它基于每个人对自己的脆弱的认识。我"表达的正是这样一种新的人文主义：尊重个体的脆弱性与异质性，以此为基点，挖掘创造力，寻找表达，建立沟通"。以"自身之异"为核心的新的人文主义。精神分析有很强的人文主义精神，而且有很强的现实关怀面，包括当代欧洲的一些国家以及我们中国。见：朱莉娅·克里斯蒂娃：《陌生的自我》，黄蓓译，《当代修辞学》，2015 年第 3 期。

第一，跨学科的开放性。克里斯蒂娃理论的开放性，一开始就在互文性概念中奠定了。因为互文性不仅仅考察文学行为，也讨论更为广泛的美学实践——音乐、电影、绘画、舞蹈等，用克里斯蒂娃自己的话来说，这些都是"作为对话性行为、多声部行为来研究"①。

第二，克里斯蒂娃的理论直接针对的是宗教复兴现象所呈现的时代危机。她试图用理性的人文主义给出应对时代症状的方案。克里斯蒂娃对宗教、神学的研究，是出于一种理性的求知欲，而非对宗教复兴的需求。因为，在她看来，人文主义者应该承担起这种文化的责任与挑战，而对精神分析学的倚重具有时代的迫切性。这个挑战是尼采和海德格尔告诉我们的："现代人遭受着'具有义务力量的感性、超感性世界的缺席'"②。那么要应对这一状况，需要采取什么样的对策呢？克里斯蒂娃基于对语言符号学的深入研究，以及对精神分析事业在当代重要程度的体会，从而提出了一种新人文主义的理性方案。宗教性的保守，本身是一种非理性；而无意识研究，恰恰是一种理性。克里斯蒂娃就是要在时代的焦虑面前保持清醒，哪怕悲观，也要悲观得有力量。

第三，克里斯蒂娃通过对圣母玛利亚的人文主义阐释，将宗教的标志扭转为艺术的理解。她对未来给出的方案中，对艺术史中的玛利亚形象进行精神分析是极为重要的一环。这个分析延续了她的"女性主体"理论，从而使得"玛利亚"成为安抚艺术焦虑的精神分析学意义上的守护神。此外，人文主义者要战胜虚无主义，就必然要求人们对固有思维模式进行反思。克里斯蒂娃的理论反思，具有文学性和美术性。因而她的理论，也被广泛用来激活历史中的文学和美术作品的思想内涵。只有激活了历史上的那些尚未被人们道出的东西，才能引导人们走向自由的

① ［法］朱莉娅·克里斯蒂娃：《主体·互文·精神分析：克里斯蒂娃复旦大学演讲集》，祝克懿、黄蓓编译，三联书店，2016，第29页。
② ［法］朱莉娅·克里斯蒂娃：《克里斯蒂娃自选集》，赵英晖译，复旦大学出版社，2015，第6页。

"思想之地"。正是人们内在的陌异性以及我们还没有从历史中读出的陌异性，使得我们有能力继续创造，并滋生出反抗的力量。这也在广义上，发现了人文艺术的"互文性"。克里斯蒂娃的这种"互文性"解读，示范的是一种文化政治意义上的反抗，也是人文主义者的时代关怀。

第四，克里斯蒂娃将"贱斥"概念视为理论反抗的动力，这导向了她对文学和美术领域的重新阐释，激活了文艺作品秩序下的陌异性维度，其阐释具有人文主义反抗的意义。这最大限度地体现了克里斯蒂娃理论的开阔性，尤其是该理论对文学、艺术的巨大诠释能力。

第一节　互文性的实践：重构神学、诗学与艺术

宗教原教旨主义①在这个时代的复兴，成为一大政治哲学难题，就像当年汉娜·阿伦特面临的法西斯主义（极权主义）难题一样。克里斯蒂娃运用自己的"女性主体"理论，在父权化的基督教内部，凸显"圣母玛利亚"的重要性。她通过发明一个美学化的"玛利亚"来调和基督教的原教旨主义倾向，从而让基督教继续造福于艺术家的创造性工作。这种宗教神学的再诠释工作，是一种互文性实践，因为它是一种激活神学中"诗性"和"女性禀赋"的工作。

---

① 注：宗教原教旨主义（fondamentalisme）是指某些宗教群体试图回归其原初信仰的运动，或是指严格遵守基本原理的立场。他们认为这些宗教内部在近代出现的自由主义神学使其信仰世俗化、偏离了其信仰的本质，因而做出回应；通常提倡对其宗教的基本经文或文献做字面的、传统的解释，并且相信从这些阐释中获得的教义应该被运用于社会、经济和政治生活的各个方面。

一、玛利亚中的爱、宗教和艺术

艺术是许多宝贵的文化实践的统称。"艺术是为数不多的，能够帮助重建心理空间、重建自我关系、重建与他人之间的联结的工具之一。"[①] 在探求克里斯蒂娃的艺术论缘起时，我们会发现她属于后结构主义时代的女性概念可以上溯到基督教圣母画的线索之中。一直以来，通过追溯"爱欲"的源头为诗性开辟道路的思想家，存在两条路径：一条是基督教的，一条是希腊的。美国哲学家阿兰·布鲁姆（Allan Bloom）在《爱的阶梯：柏拉图的〈会饮〉》中概括了这两条路径："存在两种关于爱欲或者爱在人们生活中地位的伟大教诲，我们是它们的传人，一种通过《圣经》传给我们，而另一种则由公元前 5 到公元前 4 世纪希腊的哲学家、诗人和历史学家传给我们。"[②] 这两种路径之间的区别是："前者最终立足于上帝及其启示，而后者则基于自然以及哲学家对它的理性探究。"[③] 在爱的空间中寻求一种诗性艺术的诞生，是思想家一直以来所探究的一个方向。克里斯蒂娃在探求爱与艺术的关系史时，侧重的也是基督教的一脉，尤其是中世纪以来的基督教历史。不过，她探求的立足点并不是"上帝及其启示"，而是一种精神分析学和复量符号学双重视野下的"玛利亚及其作用"。

在克里斯蒂娃眼中，宗教并不是作为神性的具体肉身而存在的，而是一种知识建构类型，而且常常是一种父性类型。她指出"宗教色情的实践和掌控在任何地方都是男人的事"，因为"上帝（L'Eternel）本身表

---

① ［英］埃丝特尔·巴雷特：《克里斯蒂娃眼中的艺术》，关祎译，重庆大学出版社，2020，第 6 页。
② ［美］阿兰·布鲁姆：《爱的阶梯：柏拉图的〈会饮〉》，秦露译，华夏出版社，2017，第 18 页。
③ ［美］阿兰·布鲁姆：《爱的阶梯：柏拉图的〈会饮〉》，秦露译，华夏出版社，2017，第 18 页。

现为雄性和父亲"①。然而随着世俗时代的到来，女性情欲问题成为父性宗教所必须面对的难题。以前被各种宗教压抑的女性权利，现在正处于新的女性觉醒的处境中，肉体感觉向着主体复杂性倾斜，从而在一定方面摆脱了肉体与圣言的紧密结合。克里斯蒂娃认为，在基督教中，肉体与圣言的结合是一种"道成肉身"，这种肉体感觉本质上是父性的："基督教比其他宗教都更多地揭露了父子之间的至死之爱。把这份爱导向神学壮举和艺术升华，成就了基督教的荣耀。"②

然而，这种圣父—圣子之间的至死之爱，是基督教压抑女性肉体感觉的一种形式。克里斯蒂娃并不是一个虔诚的基督徒，而是一个人文主义者。因而，她通过对神学的精神分析阐释，改造了这个"道成肉身"的过程："基督受难主导下，只有玛利亚母腹得到神圣化，基督教婚姻才能在她的童贞荫护下，形成一座挡火板，一剂对抗肉体罪恶的药方。"③另外，克里斯蒂娃关于玛利亚的神学—精神分析学的系统探究，主要体现在她于1999年11月在巴黎四大召开的讨论基督教现状的研讨会上的发言稿《从圣母像到裸体：女性美的再现》④ 中。

文中，女性—宗教问题得到了神学—精神分析学的重构。耶稣的"道成肉身"，通过克里斯蒂娃阐释的玛利亚的作用，将基督教的奇迹从父性的扭转为母性的。于是，美、性和宗教、神学之间的纽带通过玛利亚（确切地说，是玛利亚的身体，一个关于爱的身体）得到了重新联结。玛利亚在艺术史上占据了极其重要的分量，可以说是留下最多艺术形象的女性，无数画家都曾创作过玛利亚的艺术形象，如《西斯廷圣母》（拉斐尔·圣齐奥，1513）、《悲伤的圣母》（提香，1554）、《百合圣母》（威

① Julia Kristeva. *Pulsions du temps*. Paris：Fayard，2013. p. 376. Voir：Sexe et Religion.

② Julia Kristeva. *Pulsions du temps*. Paris：Fayard，2013. p. 376. Voir：Sexe et Religion.

③ Julia Kristeva. *Pulsions du temps*. Paris：Fayard，2013. p. 376. Voir：Sexe et Religion.

④ ［法］朱莉娅·克里斯蒂娃：《克里斯蒂娃自选集》，赵英晖译，复旦大学出版社，2015，第21-66页。

廉·阿道夫·布格罗，1899）等。玛利亚的形象阐释了女性美和宗教美的完美统一性："美，尤其是女性美，是基督教最令人惊异、最具悖论性的创造，是基督教的奇迹，也是耶稣化身为人这个最初奇迹的直接后果。"[1] 与此同时，"玛利亚给基督教语言的同一性中增加了某种异质性因素"[2]。

《西斯廷圣母》（拉斐尔·圣齐奥，1513）

（图片来自网络）

---

[1] ［法］朱莉娅·克里斯蒂娃：《克里斯蒂娃自选集》，赵英晖译，复旦大学出版社，2015，第23页。

[2] Toril Moi. *The Kristeva Reader*. Oxford：Basil Blackwell, 1986. p. 175.

二、身体转向中的女性身体

克里斯蒂娃通过玛利亚完成的"身体转向"受到了其导师罗兰·巴特的影响。虽然在《从圣母像到裸体：女性美的再现》一文中并没有找到明显的文字关联，但如果我们阅读罗兰·巴特在《我爱，我不爱》中所描述的片段，就可知道罗兰·巴特尚未凸显出女性的身体性，但他的描述却已经为克里斯蒂娃铺垫了关于身体独特性的理论底色：

> 我爱，我不爱：对于任何人来讲，没有丝毫的重要性；很显然，这一点没有意义。可是，这一切却意味着：我的躯体与您的躯体不一样。因此，在这种有兴趣和无兴趣的混乱的泡沫中——这是类似于一种消遣性的画影线活动，一点一点地画出了一个躯体之谜的外在形象，它呼唤共谋与激动。躯体的恫吓在此开始了，它迫使另一个躯体自由地支撑着我，它迫使另一个躯体在他并不分享的享乐与拒绝面前保持平静和善于恭维。①

罗兰·巴特在文中详细列举了他所爱的"生菜、桂皮、奶酪、辣椒、巴丹杏面团、干草气味"等与所不爱的"白色狐犬、穿裤子的女人、天竺葵、草莓、羽管键琴、米罗、同语反复、动画片"等。也就是以这种方式，他标举了其身体的特殊性。这是一个独一无二的身体，人们在这个陌生的独特身体面前缺乏完全分享的能力，却不得不因其独特性而接受下来，甚至不得不"保持平静和善于恭维"。罗兰·巴特的身体本体论，构造了一个独特性空间。这在克里斯蒂娃那里更推进一步，真正的独特性不仅仅是身体的，更在于是女性身体的。

---

① ［法］罗兰·巴特：《罗兰·巴特自述》，怀宇译，百花文艺出版社，2001，第90-91页。

　　身体的运动意味着文本是流动的、非封闭的，相比而言，罗兰·巴特的身体观强调的是意义的偶然散逸和不确定性，而克里斯蒂娃强调的是身体的功能性存在。因为有了身体的功能，一切才变得不一样起来。与之相似的一个比较是，罗兰·巴特的身体观因为强调不确定性，因而更具有动态的外表；克里斯蒂娃的身体观因为强调功能性，因而是寓动于静的。例如罗兰·巴特在《身边走过的躯体》中写道：

　　　　在火车上，我产生了这样一些想法：人们在我的周围走动，而正在出现的那些躯体就像一些为人提供方便的人那样在行动；在飞机上，则完全相反，我是一动不动的、挨挤着坐着的、盲目的，我的躯体，并因此连同我的智力都是死了的、听从我安排的，只有空姐的光闪闪的、不常在的躯体在走来走去，空姐就像是托儿所的一位阿姨在摇篮之间漠然走动。①

　　这样的坐飞机经历让罗兰·巴特感觉到一种不自在的身体感觉，因其身体的自由性和能动性被禁锢了。他感到自己被束缚在座椅上，而空姐的躯体则来去自如，就如同托儿所的婴儿摇篮之间走动着的看护阿姨。对于罗兰·巴特而言，没有自由就没有躯体感，也就是"死了的"感觉。与之相对照的是，克里斯蒂娃关注的是身体的愉悦，与罗兰·巴特关注的身体"走来走去"的行动力并不一致。因为，克里斯蒂娃的身体虽然也具有看护阿姨式的调节功能，但其主要指向"美"的目标。不过，身体是美的和身体是可行动的并不矛盾。罗兰·巴特在《S/Z》中所解读的巴尔扎克的《萨拉辛》，讲述的就是这样一个可行动的无性身体（可男可女，雌雄莫辨）如何被"美"所捕获的故事。不过，巴特注重无性身

---

① ［法］罗兰·巴特：《罗兰·巴特自述》，怀宇译，百花文艺出版社，2001，第120页。

体方面的解读，却忽略了音乐语言其实是一种母性空间里的回响。屠友祥阐述了罗兰·巴特《S/Z》中关于声音与身体相交接的奥义：

> 《S/Z》得以写定，形成声音的结晶体、具体的书写物，就是因为学生、听众及朋友的身体和话语交接的过程，因为他们的言说过程，一句话，就是因为他们的倾听。
>
> 萨拉辛初闻意大利音乐，初见赞比内拉，竟达到谵妄的状态，狂喜的境地，其生命力的实现，也是由于他的倾听，由于他将整个身体化作了耳朵。萨拉辛生命的最终毁灭，同样是由于声音和身体的缘故，赞比内拉是阉歌手，使萨拉辛狂喜的声音出自一个不能使他狂喜的身体，赞比内拉的声音最终不能成为有形的物质性，无法处于结晶状态，失去了身体性，最终使得萨拉辛无法倾听。这是倾听和凝视不能交融的结果。①

换用克里斯蒂娃的表述，赞比内拉的声音中所具有的艺术魅力，并不是一种无身体的表现，相反它恰恰是一种分配节律的（而非阉割父性来达成的）母性身体所完成的："一个无印迹，无地点，逃避了原初 techné（指没有人为制造的痕迹）的影响，逃避了最初的沟痕的影响。'这个区域，我的睡眠和我最细微的动作来自它'，兰波这样梦想着。"② 赞比内拉失去的社会父性象征秩序中的"身体性"（他小时候被阉割了，所以不是真正的男人；装扮为女人，却并不是女人，这些都是父性符号秩序中的产物），获得的却是更为根本的关于母性的愉悦。克里斯蒂娃这样描述母性

---

① ［法］罗兰·巴特：《S/Z》，屠友祥译，上海人民出版社，2012，第 12 页。
② ［法］朱莉娅·克里斯蒂娃：《克里斯蒂娃自选集》，赵英晖译，复旦大学出版社，2015，第 39 页。

愉悦："愉悦打破了象征性的链条，摧毁了统治和禁止的链条。"① 而这正是女性身体的根本特征："愉悦、妊娠和边缘的言语，被象征性秩序以及世界秩序的真理遮蔽，就是被温和化了的那个真理，它们借由妇女发挥着功效。"② 这儿的妇女，就是指女性的身体。

"身体转向"在克里斯蒂娃这里转入了"前俄狄浦斯阶段"的母性愉悦，然而思想家们对身体的理解，并不是从来就如此。下面我们做一番简单回顾，以发现克里斯蒂娃的身体所属的知识谱系。

传统基督教的理解，总是倾向于构建一个无欲甚至无身体的空间——在那里，圣父、圣子、圣灵三位一体。这本身其实就是一种意识—身体二元对立的思维结果。基督教之前，在柏拉图那里，灵魂和身体就是对立的。汪民安指出柏拉图《高尔吉亚篇》《理想国》等著作中对身体的贬低，"身体和灵魂的对立二元论是一个基本的框架：身体是短暂的，灵魂是不朽的；身体是贪欲的，灵魂是纯洁的；身体是低级的，灵魂是高级的；身体是错误的，灵魂是真实的；身体导致恶，灵魂通达善；身体是可见的，灵魂是不可见的"③。因此，我们可以得出如下结论："大体上来说，灵魂虽然非常复杂，但它同知识、智慧、精神、理性、真理站在一起，并享有一种较于身体的巨大优越感。身体，正是柏拉图所推崇的价值的反面，它距离永恒而绝对的理念既陌生又遥远。"④ 到了奥古斯丁改造的柏拉图理想国方案中，上帝之城和世俗之城相互对立。基督教所追求的是被上帝所拯救、同上帝之爱相融合的所在地；然而，世俗之城中的爱，所呈现的只是欲望的身体，是一种短暂的存在。

① ［法］朱莉娅·克里斯蒂娃：《中国妇女》，赵靓译，同济大学出版社，2010，第30页。
② ［法］朱莉娅·克里斯蒂娃：《中国妇女》，赵靓译，同济大学出版社，2010，第30页。
③ 汪民安：《身体、空间和后现代性》，江苏人民出版社，2006，第5页。
④ 汪民安：《身体、空间和后现代性》，江苏人民出版社，2006，第5页。

无论是在哲学意义上还是在宗教（基督教）意义上，身体不再具有重要性。

如果说，在笛卡尔那里，哲学只能是关乎心灵之事；那么，在克里斯蒂娃这里，哲学/宗教的心灵之事需要经由身体来实现。这种"身体转向"可以说是被尼采开启的。研究者已经看到："如果说，存在着一个漫长的主体哲学，这种哲学或者将人看成智慧的存在（柏拉图），或者将人看成信仰的存在（基督徒），或者将人看成理性的存在（启蒙哲学），这一切实际上存在一个共同的人的定义：人是理性的动物。"[①] 而尼采颠倒了理性和动物的关系，进而提出了"一切从身体出发"的口号。在尼采看来，鲜活的身体比陈旧古老的灵魂更加令人惊奇。

相比于尼采的身体本体论而言，克里斯蒂娃最大的特征在于其身体是母性的，因而有一种特殊的身体理解。这个母性身体不是动物性的，而是孕育性的；不是征服性的，而是调节性的；不是情欲化的，而是牺牲性的。达·芬奇的画作《蒙娜丽莎的微笑》是最能具体化克里斯蒂娃母性身体观的艺术作品。克里斯蒂娃认为，这幅画代表着一种独特的身体感觉："微笑是最具精神性的身体表现，在身份形成之初它就存在，这个身份是镜子反射给我们的（婴儿对着镜中自己的形象微笑时，就不再被称作婴儿，而是变成了一个幼儿）。这是一场愉快的炼金术（alchimie），可展示的精神性的愉快炼金术，一切神奇均起源于此。"[②] 炼金术是西方文论中经常出现的一个术语，它是"一种生产性的事业。生产新材料，以及转变或改进普通材料，是炼金术传统中的一个核心主题。"[③] 在克里斯蒂娃的论述中亦数次提到这一术语。她借用《蒙娜丽莎的微笑》，说明

---

① 汪民安：《身体、空间和后现代性》，江苏人民出版社，2006，第10页。
② ［法］朱莉娅·克里斯蒂娃：《克里斯蒂娃自选集》，赵英晖译，复旦大学出版社，2015，第24页。
③ ［美］劳伦斯·普林西比：《炼金术的秘密》，张卜天译，商务印书馆，2018，第295页。

了母性愉悦如何通过微笑这一身体的表现得到表达。与此同时，微笑也产生了一种女性之美："女性美的奇迹就在微笑的可见性之中，微笑的可见性必须借助镜子，在展示隐秘的同时也保留了部分神秘，蒙娜丽莎的微笑概括了我们文明中的女性美。"①

三、发现基督教中的母性情欲

因为尼采式的身体转向，灵魂—意义和身体—爱欲的位置被颠倒了，克里斯蒂娃得以继续探索身体的独特性。然而身体转向本身具有的一个危险便是容易沦为丧失意义的虚无主义。所以，克里斯蒂娃强调身体，更强调应该在独特的身体中唤醒抵抗虚无主义的力量。她说："尼采和海德格尔告诉我们：现代人遭受着'具有义务力量的感性、超感性世界的缺席'。神的权威性以及任何其他权威性——国家或者政治的——的破除，不会必然引向虚无主义。也不必然引向其对立面，即攻击不信教者的完整主义。"②

这种抵抗虚无和极权的思想力量，来源于汉娜·阿伦特的启发。阿伦特是被克里斯蒂娃视为"女性天才"的一位思想家。阿伦特注意到一个基本的事实，那便是人无法作为单一个体在地球上存在，因为人（Man）总是以人们（Men）的方式居住着。就算是一个人独处的时候，他都不会是纯粹意义上的单一个体。就像苏格拉底个体思考的例子，个人内心的"我"在和自己内心无声地对话，在这个没有外人参与的内心进程中，一个人同时扮演了对话双方的角色。所以，思考本身意味着这种内在的对话双方的二元性。当一个人从这种沉思中被唤醒时，他重新

---

① ［法］朱莉娅·克里斯蒂娃：《克里斯蒂娃自选集》，赵英晖译，复旦大学出版社，2015，第24页。

② ［法］朱莉娅·克里斯蒂娃：《克里斯蒂娃自选集》，赵英晖译，复旦大学出版社，2015，第6页。

合并为一个个体。因此，思考过程中的人分为两个角度的"二元性"，正是源于人的多样性，一个人独处并不是真正意义上的孤独。阿伦特在《精神生活》一书中指出人在思考活动中，其多样性转化成了二元性。有研究者指出："没有这种一人分饰两角、内心无声的对话，人就会沦为无思想的人，没有思考能力，正如纳粹战犯艾希曼所表现出来的典型特征，它使人无从在恶行面前说'不'。"① 正是这种对于个体多样性自由的考量，克里斯蒂娃自觉地吸收了阿伦特的思想精髓，她指出："人权，包括女性人权，其最终的实现是司各特主义的实现，当下已经具有这一实现的条件，具体表现为对'ecceitas'（个体）的重视，对个性发展的关心，对从'quelconque'（某人）到达'qui'（此人）的关注。"② 从阿伦特的政治哲学（尤其是其"平庸的恶"的论断）到克里斯蒂娃的"女性禀赋"，贯穿始终的是对自我超越的追求。

基督教要达成这种普遍意义上的"自我超越"，就需要让它关注内在的"二元性"（尤其是双性特质）——这正是克里斯蒂娃继承阿伦特的地方。基督教并不完全是父性的，其母性的能量还没有被充分激活。"爱的空间（从诱惑到苦难）里这种女性美，从一开始不就投射出了男性的女性特质吗？难道不是雄性幻觉向女性身体的移情（女性身体只是雄性欲望的载体、被动的客体，是雄性欲望的交换物，唯一用途便是支撑这个欲望）吗？"③ 克里斯蒂娃假设每个艺术家都是潜在的毕加索，"女性美便是斗牛术在画布上色彩斑斓的变体"④。也就是说，画家的动作既是

① 陈伟：《汉娜·阿伦特与政治经验的诠释》，载周濂主编《西方政治哲学史（第三卷 20 世纪政治哲学）》，中国人民大学出版社，2017，第197—198页。
② ［法］朱莉娅·克里斯蒂娃：《主体·互文·精神分析 克里斯蒂娃复旦大学演讲集》，祝克懿、黄蓓编译，三联书店，2016，第83页。
③ ［法］朱莉娅·克里斯蒂娃：《克里斯蒂娃自选集》，赵英晖译，复旦大学出版社，2015，第33页。
④ ［法］朱莉娅·克里斯蒂娃：《克里斯蒂娃自选集》，赵英晖译，复旦大学出版社，2015，第33页。

对斗牛士的刺戳，又被另一个女人束缚，画家在对模特充满爱的认同中变成了另一个女人。不过这种移情的作用还太小，不足以成为艺术家、抒情诗人的保护神。只有玛利亚具备这样的功能。"在这些艺术形式（比如绘画和音乐）中，玛利亚既是耶稣的保护神，又具有自己特有的权力。"①

今天宗教面临的困境是，它不得不面对女性情欲的特殊性，以及这种特殊性的显露。然而基督教很好地面对了这种挑战，相比于其他一神教，它更好地直面了女性情欲的显露——通过童贞女玛利亚来化解这种情欲的危险性，升华为一种艺术、爱和美。在《性与宗教》中，克里斯蒂娃坚守了拉康对超越性宗教的拒绝，不过与拉康不同是，她将基督教进行了富有创造性的独特诠释，认可了基督教面对这种情欲的特殊贡献。拉康坚持一种理性主义的精神，"强调欲望和愉悦的重要性，并将它们视为生命前进的罗盘。坚定地用理性反对渴望在另一个世界中获得幸福的盲目信仰"②。克里斯蒂娃在对欲望的强调以及对彼岸信仰的拒绝上，都是拉康派理性主义的守护者。不过，她做出了自己独特的两点发明：在情欲上，她强调女性情欲以及"前俄狄浦斯阶段"的欲望运作；在宗教上，她重新诠释了圣母玛利亚在基督教中的地位，并通过这种重新阐释回应了现代对艺术的定位（艺术类似于圣母玛利亚所做出的安抚功能，由此成为现代社会不可缺少的部分）。

克里斯蒂娃通过考察绘画中的玛利亚形象，得出玛利亚是女性情欲外显的一个独特表现的结论。宗教绘画中的女性特质/女性美，首先是由艺术家实现的，它经历了从第一阶段的禁欲色彩的圣母像、具有女性特质的第二阶段，到女性情欲展示出来的裸女阶段。这种情欲的外露，显

---

①　Toril Moi. *The Kristeva Reader*. Oxford：Basil Blackwell，1986. p. 174.
②　[法]纳塔莉·沙鸥：《欲望伦理：拉康思想引论》，郑天喆等译，漓江出版社，2013，第6页。

然带来了宗教的难题。然而，就算是在第一个禁欲阶段的圣母像中，也体现着母性力量的巨大作用。"母与子的前俄狄浦斯联系是一座前语言或跨语言的知识宝库，玛利亚因而集合了语言之外的形象（音乐、绘画等等），成为艺术的主保圣人，而且使得具体的个体成为图像表现的对象。"① 克里斯蒂娃将玛利亚视为艺术家们的主保圣人，原因是玛利亚的功能便是联结宗教和爱。"玛利亚，上帝之母，是围绕爱和化身为人而凝结成的基督教之美的关键部件。这必然把我带到她在基督教和后基督教主体性及其美学形成中的逻辑角色的维护和说明上。因为，尽管她不在由圣父、圣子和圣灵组成的三位一体中，或者尽管她被缩减为一个被三位一体围绕的空的中心，玛利亚却是绘画艺术家们的主保圣人。"② 邓斯·司各特用全等的论据创造了"预赎罪"的概念。在逻辑上，耶稣的诞生是无罪的，所以使其得以诞生的玛利亚也应该是无罪的。这不仅是宗教上的必要，还保护了母亲角色不被过度情欲所操控，她没有性欲的焦虑——"她满足了一个对女性特质感到不安的雄性存在，因为她只关心她的儿子，对其他男人毫不在意；她也满足了一个为欲望担忧的女人。因此，尽管两性之间存在明显的不相容性和持久的战争，某种共同体还是得以在两性之间建立了起来，超越于不相容性和战争之上。"③

因为没有性欲的焦虑，便产生了玛利亚"只关心她的儿子"的奉献精神。这种关心，是一种"前俄狄浦斯阶段"的能量的调节，它比父性关心更为根本。这种人文关怀体现在现代人对美的需求上，对音乐的需求上——因为音乐、美所调用的意指活动来源于符号态的"子宫间"，作

---

① ［法］朱莉娅·克里斯蒂娃：《克里斯蒂娃自选集》，赵英晖译，复旦大学出版社，2015，第5页。

② ［法］朱莉娅·克里斯蒂娃：《克里斯蒂娃自选集》，赵英晖译，复旦大学出版社，2015，第37-38页。

③ ［法］朱莉娅·克里斯蒂娃：《克里斯蒂娃自选集》，赵英晖译，复旦大学出版社，2015，第43-44页。

用于主体自我内在超越的领域，而不是维护主体外在的象征稳定性。克里斯蒂娃指出："我们对美的现代兴趣，我们用崇高包扎原始压抑的伤口，是想要指出，我们需要一种比父亲的保护更早期的体恤，需要一种比父亲所给予的照顾更根本性的照顾：这不是别的，正是天主教通过玛利亚的形象赠予其信徒的东西。"①

因为女性情欲的逻辑不同于男性情欲，因此有必要扭转宗教的父性化理解。本来，正如我们前边提到过的："宗教色情的实践和掌控在任何地方都是男人的事。"因为"上帝（L'Eternel）本身表现为雄性和父亲"②。然而，因为克里斯蒂娃对玛利亚身位优先于其子的强调，她对《圣经》也进行了女性化理解。所以，"智慧，是女性和母性的维度，保护耶和华的帝位和内心"，耶和华的"道成肉身"必须经历的就是圣母孕育，借助玛利亚的身体他才能诞生。而且，上帝用土造出亚当，然后用亚当的肋骨造出夏娃，"亚当（意为活的，有生命的）与上帝的联合给予了第一个人一种双性向"，而夏娃与上帝的联合——"生命"似乎在"等待女性主义的到来"③。

所以，克里斯蒂娃在一次演讲中分析了精神分析不是宗教的方方面面。④ 而我们借用精神分析为工具来分析宗教，其目的就是在情欲中发现一种人类学的稳定常数：以求知欲为衬里的信仰需要。"玛利亚的身体"在精神分析的意义上，使得艺术家能够安抚自身的缺失与需求，而且使得自己的艺术作品不会沦为父性的暴力。这种玛利亚的宗教，已经被改造为21世纪的人文主义，这是克里斯蒂娃理论对艺术家的人文关怀。

---

① ［法］朱莉娅·克里斯蒂娃：《克里斯蒂娃自选集》，赵英晖译，复旦大学出版社，2015，第46页。

② Julia Kristeva. *Pulsions du temps*. Paris：Fayard，2013. p. 376. Voir：Sexe et Religion.

③ Julia Kristeva. *Pulsions du temps*. Paris：Fayard，2013. p. 376. Voir：Sexe et Religion.

④ Julia Kristeva. Pourquoi la psyc*hanalyse n'est pas une religion*? Le 26 mai 2018. http：//www. kristeva. fr/pourquoi-la-psychanalyse. html

第二节　陌异性的实践：新人文主义的反抗观

正如查尔斯·泰勒（Charles Taylor）在《世俗时代》中诊断的一样，当下人类所处的时代最大的困境在于权威性的丧失和意义的缺席："通览历史，我们会听到各种各样对'自己时代'的抱怨——变化无常，充满邪恶和混乱，缺少伟大和崇高，到处是渎神和恶意。"①不过，当今时代与以往时代不同的是，除了上述这些，我们还能够听到其他时代所没有的："我们的时代正在受到意义缺失的威胁，而这正是我们今天习以为常的状态（其对错不是我在这里所要讨论的范畴）。这种隐忧正是缓冲的认同特点，这种无懈可击感虽将邪灵、宇宙力乃至上帝挡在门外，但其危险之处在于，再也没有什么重要的东西需要坚守。"②

同样身处在这样一个"意义缺失"的时代的克里斯蒂娃不仅是一个理论家，更是一个人文主义者，需要承担起时代性的症候分析以及对意义衰败的反抗。"在克里斯蒂娃的笔下，在她的作品的封面，有一个词语不断出现，那就是反抗。"③ 克里斯蒂娃认为，世俗化带来的直接问题，便是合理地揭露了"宗教的过度镇压和蒙昧主义恶癖，宗教机构的性别歧视，对'父亲'欲望的强调，女性及母亲的诱惑力、恐惧、屈从或者遭到的迫害"④。她对时代困境的表述，集中体现于她在《在困境中思索

---

① ［加］查尔斯·泰勒：《世俗时代》，张容南等译，上海三联书店，2016，第349页。

② ［加］查尔斯·泰勒：《世俗时代》，张容南等译，上海三联书店，2016，第349-350页。

③ Catherine Boutors-Paillart. *Julia Kristeva*. Adpf：Ministères des Affaires étrangères，2006. p. 84.

④ Julia Kristeva. *Pulsions du temps*. Paris：Fayard，2013. p. 375. Voir：Sexe et religion.

自由》里的追问——宗教抑或人文科学，两者谁能回应这种意义的缺失：

> 第三个千年之初的问题不是宗教间的战争，而是两种人之间的裂隙和空洞：这两种人，一种想知道上帝是潜意识的，另一种更希望不知道这一点以更好地享受上帝存在的观点。全球媒体化用它全部的虚拟经济和金融经济支持第二种倾向——这两种人什么都不想知道，以便更好地享受虚拟……正是由于该原因，我们的文明支持宗教复兴。①

这个时代现象带来一个问题和两种途径：这种时代性精神分裂症的解决途径在哪里？人类需要依赖宗教复兴，或者能在人文科学当中看到出路吗？克里斯蒂娃认为，时代性的宗教复兴确实回应了这个新历史阶段的权威性缺失的处境，但是她坚定地站在人文科学的立场上，试图重振人文科学在时代中的力量。

但是，这种情况下面临的问题在于人文科学根基于启蒙运动以来的理性主义传统，这个传统的经验在弗洛伊德的潜意识理论下显得迂腐而无力回应宗教信仰的挑战。宗教尤其是天主教很好地回答了意义缺失的困境，因为，人们只需要将意义的缺失付诸彼岸世界即可。这样，克里斯蒂娃需要一个调整了的理论框架：经过精神分析的调整，将弗洛伊德对潜意识的发现，纳入启蒙运动以来的理性传统之中。

前文（本章第一节）中，我们已经看到克里斯蒂娃对宗教的重新阐释，并把理论重心从传统宗教学关注的启示或超越问题返回到人间性的母性"身体"问题——这个转折依赖于圣母玛利亚对艺术家的守护功能

---

① ［法］朱莉娅·克里斯蒂娃：《克里斯蒂娃自选集》，赵英晖译，复旦大学出版社，2015，第4—5页。

的揭示。然而，身体并不单单是女性的、爱的、艺术的，它也同样是反抗的力量。这种反抗力植根于身体内在的异物、一种排斥感、一种否定性。我们从克里斯蒂娃独特的宗教阐释，转向对身体内在陌异性的独特发明："贱斥（abjection）"（又译弃绝、卑污等）。关于"贱斥"和"（女性）身体"的理解，为克里斯蒂娃重新确立人文科学的信赖提供了基础。她始终相信，人文主义重建的"这个人类历险是被文学和精神分析开启的"①。

一、反抗的理论动力：贱斥

通过"主体""互文"两个互渗性维度的熔铸，克里斯蒂娃将主体内在的陌异性、诗性语言内有的"符号态"、精神分析学中的"前俄狄浦斯阶段"转化为了一种文化政治的批判性。她为文化政治层面的反抗性找到了一个核心动力：贱斥。这也是克里斯蒂娃从《诗性语言的革命》《恐怖的权力：论卑贱》一直贯穿到《反抗的意义和非意义》的一个核心概念。克里斯蒂娃发现从早期的母子关系开始，就存在着排斥。非主体与非客体都是贱斥体，人类最初关系纽带的这两个主角，都处于恐怖和迷恋的控制之中，克里斯蒂娃将之称为"贱斥"。这其实也是一种"空间概念"，它指的是"在孩子和母体之间、主体与客体之间划分界限的过程"②。也有学者更进一步理解为："卑污（abjection）威胁着身份：既非善亦非恶，既非主体亦非客体，既非自我亦非无意识，而是威胁这一切

---

① ［法］朱莉娅·克里斯蒂娃：《克里斯蒂娃自选集》，赵英晖译，复旦大学出版社，2015，第9页。
② ［英］埃丝特尔·巴雷特：《克里斯蒂娃眼中的艺术》，关祎译，重庆大学出版社，2020，第107页。

确定划界的某物。"① 克里斯蒂娃认为它大大超出了个人或社会对其进行理性把握的能力。

通过"贱斥"的作用，内在于主体无意识之中的"否定性"才能发挥作用。可以说，正是有了"贱斥"的引导，主体才具有了反抗的动力。克里斯蒂娃并不是在否定"贱斥"，而是在积极地利用它所代表的陌异性维度来组织反抗，就像拉康利用"对象 a"这个理论概念，逆向确立了主体的完整性一样。

打个比方来说，病人的呕吐物、伤口就是"贱斥物"，它作为一种"小客体"（就像拉康的"对象 a"，准确地说并不是一种客体）其实原本是内在于主体的，然而正是它发挥了一种排斥作用，让人认识到自身的陌异性："这恶心之物内在于我，然而我厌恶它。"然而又正是这种发生于非常早期婴儿阶段的贱斥能力，铸就了人类的"自恋"能力：由于厌恶的部分被排斥，我明确了剩余的自恋部分。也就是说，"贱斥"是构成自恋的前提条件。

克里斯蒂娃如下指出：

> 不是干净或健康的缺位使之变得卑贱（abject, adj），而是那些扰乱身份，系统、秩序的东西。是那些不遵守边界、位置和规则的东西。是间隙、含糊、混杂。叛徒、谎言家、良心未泯的罪犯、无耻的强奸者、声称救人的杀手……任何犯罪都是卑贱的，因为它暴露了法律的脆弱性，而有预谋的犯罪、阴险的谋杀、虚伪的复仇更是卑贱的，因为它们更加暴露了法律的

---

① ［斯洛文尼亚］波拉·祖藩茨·艾埃塞莫维茨：《符号与象征的辩证空间——朱莉娅·克里斯蒂娃美学思想简论》，金惠敏译，《南阳师范学院学报》，2004 年第 4 期。

脆弱性。拒绝道德的人倒并不卑贱——在非道德中，甚至在一宗表明不尊重法律的犯罪中可以有某种伟大之处，因为他是反抗者、解放者、自杀者。而'贱斥'（abjection，n. f.)，它是非道德的、黑暗的、倒行逆施的、难以捉摸的。它是一种隐藏的恐怖，一种微笑的仇恨，一股对躯体的激情，它代替躯体而不是燃烧躯体，借你钱的人将你出卖，朋友在背后捅你一刀……①

"贱斥"流露出来一种隐藏的恐怖。在此，克里斯蒂娃的主体因为奠基在"贱斥"之上而具有了拉康"镜像阶段"所具有的统一性。"贱斥"这个概念与拉康的"对象 a"颇为相似——它没有办法在象征系统中得到确定，而是永远逃出象征系统而自成一种心理驱动的杠杆。也就是说，"不遵守边界、位置和规则的东西"，成为支配我们无意识主体的东西。只有认识到这种脆弱的统一性，主体才能真正接纳自己，连同主体内在的缝隙也一起接纳了。象征系统中的社会人，是无法直接捕捉到这种贱斥的力量的，因为"贱斥"并不是一个有待捕捉的客体：

当我被"贱斥"（abjection）侵袭时，这个由情感和思想编织成的螺旋状流苏（我这样称呼它），准确地说，它还没有可定义的客体。贱斥物（abject, n）不是一个抛在我对面的客体（ob-jet），我可以命名或想象它，它也不是这个玩意儿（ob-jeu），即无限地逃逸在对欲望的按部就班地寻觅中的小"a"。②

----

① Julia Kristeva. *Pouvoir de l'honneur - essai sur l'abjection*. Paris：Editions du Seuil, 1980. p. 12. abject：adj. 卑贱的，n. m. 贱斥物；abjection：n. f. 贱斥。

② Julia Kristeva. *Pouvoir de l'honneur - essai sur l'abjection*. Paris：Editions du Seuil, 1980. p. 9.

（一）"贱斥"与"对象 a"的理论关联

克里斯蒂娃阐释"贱斥"时讲到了"对象 a"。那么接下来，我们对拉康的"对象 a"（objet petit a）和克里斯蒂娃的"贱斥"概念做一个简单的比较。拉康的"对象 a"概念成形于 20 世纪 50 年代末。不过，直到 20 世纪 60-70 年代，他仍在不断地修正这个概念。研究拉康的学者吴琼这样解释这个概念："'对象 a'是一种对象，但不是一般意义上的欲望对象，而是使某个东西成为其（欲望）对象的对象，是作为欲望之成因的对象，更确切地说，它是引发欲望的对象——原因，同时也是使欲望之满足变得不可能的对象——原因。"① 另外学界还存在一种从拓扑学出发的解释："他（拉康）认为人体呈三圆博罗梅结（Noeud borroméen à 3 ronds）的状态：身体由现实、象征和想象相交而成，相交处形成他人享受（JA：现实与想象相交）、阴茎享受（Jφ：现实与象征相交）和意义享受（Sens：象征与想象相交），前六项相交处形成小写的'a'，即'引起欲望的客体'。"② 正是"对象 a"的存在，使得无意识成为一种无法被结构化、象征化的东西。

在弗洛伊德的早期文本《梦的解析》（1900）、《日常生活的精神病理学》（1901）以及《诙谐及其与无意识的关系》（1905）当中，人们得以观察到某种语言化的无意识存在。曾经，我们以为弗洛伊德所说的"无意识是像语言一样结构的"是在描述无意识所具备的语言一般的象征结构。殊不知，这种理解误解了无意识。而这种误解直到拉康这里才被纠正过来。弗洛伊德这句话并不是在描述两种"结构"的同质性，而是

① 吴琼：《对象 a：拉康的欲望诗学》，《哲学动态》2011 年第 1 期，第 18-23 页。
② ［法］朱莉娅·克里斯蒂娃：《恐怖的权力：论卑贱》，张新木译，商务印书馆，2018，第 2 页（注释 1）。

在描述"像"（而非"是"）。那么拉康这里的无意识就具备了三个明显的特征：首先，无意识作为某种缺口或断裂；其次，无意识作为语言那样的结构；最后，无意识作为大他者的言说。在描述无意识作为某种缺口或断裂而存在时，拉康定义了"对象a"来描述欲望运作的规则——就像飞蛾扑火一样围绕着某个对象，然而永远无法抵达那个黑洞般的对象。

根据弗洛伊德的理论，我们已经认识到，无意识被人们感觉到存在，是因为它恰恰显示于人们意识防御机制最薄弱的一些环节上：比如口误梦境、精神病痛、无意识肢体动作……然而，根据拉康对无意识的进一步研究，"无意识作为大他者的言说"中的"大他者"本身就是欠缺的、不完整的。那么，人身上因为无意识的缺口而感受到的某种欠缺，也并不能通过大他者得到彻底填补。这两种缺失叠加在一起就形成了"主体自身的缺失与大他者之中的缺失。于是，这两个缺失之间的相互作用，决定了主体的构成"①。而这个叠合的部分，也是真正深不可测的部分，就被命名为"对象a"，因为它彻底逃出了人所能把握的范围，而又在最深远的地方支配着欲望、无意识的运作。

与这个"对象a"相类似的是，"贱斥"这个概念，既不属于客体，也不属于主体——它是主体的否定性，并不属于主体。它构成了一个结构性的支点，真实作用于主体，其作用的方式是弗洛伊德所发现的无意识。因此，我们可以认为，克里斯蒂娃的"贱斥"是对"对象a"的符号态化的一种功能描述。因为，在拉康那里，没有克里斯蒂娃发明的"符号态"以及"子宫间"概念。正是在符号态的体系中，才能出现贱斥。虽然，它的基本原理依赖于拉康对"对象a"的独特定义。

克里斯蒂娃认为：

---

① ［英］肖恩·霍默：《导读拉康》，李新雨译，重庆大学出版社，2014，第99页。

　　只有在主体意识的外部才存在否定，但是并不存在这个外部，因为思想和意识是不可摧毁的。我们明白，只有一种无意识的理论才能够提出一种逻辑装置，不是内在于判断的否定置于其中，而是意指立场的结构性的生产性（productrice de la position signifiante économique）的否定。这种否定性，弗洛伊德在论文《论否定》中有所探讨，他提出超逻辑和逻辑生产的运动。①

　　克里斯蒂娃举了尸体的例子：尸体就是一种对人的否定性，它内在于人，然而人人厌弃它、否定它，却又无时无刻不在其威胁中生活着。尸体超越了人存在的逻辑，而且还生产了某种逻辑，使人无法摆脱这个被抛弃、否定之物。说到底，任何贱斥都是对缺乏的承认。在克里斯蒂娃看来，"缺乏是一切生命、意义、语言和欲望的缔造者"②，只有在缝隙中才能具有诗性，只有在缺乏中才能具有意义。

　　而且，这种缺乏的贱斥物是事先存在的，早在意义诞生之前，它就以非意义的方式支配着意义的形式。为了描述这种先在的特征，克里斯蒂娃举了一个生动的例子：她将婴儿的呕吐视为一种先天感知贱斥的反应。呕吐的存在，是由于某些事物需要被推拒（ex-pulser）在外——因为那些推拒在外的东西，人得以划出自己的疆界，因此也支配了人的生存方式。③就算后来这个婴儿习得了父性的语言，能够用语言来表达一种厌弃感、呕吐感，这种贱斥物都无法完全被吐净。

---

① Julia Kristeva. *La Révolution du langage poétique*. Paris：Editions du seuil, 1974. pp. 111–112.

② Julia Kristeva. *Pouvoir de l'honneur – essai sur l'abjection*. Paris：Editions du Seuil, 1980. p. 13.

③ Julia Kristeva. *Pouvoir de l'honneur – essai sur l'abjection*. Paris：Editions du Seuil, 1980. p. 13.

　　这种贱斥意味着一种先天的缺乏，它的诞生早于弗洛伊德的"俄狄浦斯阶段"以及拉康的"镜像阶段"。在拉康的理论体系中，"镜像理论"是一个关键概念。1936 年 7 月，在第 14 届国际精神分析学大会上，拉康首次提出了"镜像阶段"的概念，两年后，在 16 届国际精神分析大会上，拉康汇报了《精神分析经验揭示的作为我之功能的构成要素的镜像阶段》（《镜像阶段》）的论文，对此概念进行了进一步的阐释。在随后的论文以及研讨班中，拉康又对"镜像阶段"理论进行了总结、补充和发展。《镜像阶段》讨论的是自我意识是如何形成的问题："是什么使一个个体能够开始把一种自主的思维知觉为其自体，从而最初感受到其自体的存在，并维持住这个自我意识的水平呢？"① 拉康认为：婴儿出生时，本是一个未分化的、非主体的自然存在，此时无物无我，混沌一团。此时到婴儿 6 个月就是"前镜像阶段"。而 6 个月到 18 个月就是"镜像阶段"。这一时期，婴儿首次在镜子中看到自己的形象并且认出了自己，发现自己的躯体原来是一个完整的统一体。这段简洁的定义是在说，婴儿因为在出生的时候满身都是匮乏，他完全依赖于大人对他的爱护才能生存，而且在这个时候的婴儿不能够自主控制自己的手或是脚，因为婴儿还没有形成"自我"这个概念，简言之，他是破碎的、混乱的。然而，婴儿一旦能在镜像面前，通过视觉（空间）的方式识别出自己的外形统一性，他就把这个外在的统一性认同到自己的内心，从而建立起完整的、统一的自我概念。克里斯蒂娃认为，早在拉康的"镜像阶段"发生之前，婴儿在母体的胎儿阶段就领受了一种动态平衡的能力。虽然要完成"镜像阶段"，他才能获得自我的意识，但是它在母体中已经学会了呕吐，也就是贱斥的能力。这种能力先于"镜像阶段"的发生，而且在人的一生中都是一种基础性的存在。

---

① ［英］肖恩·霍默：《导读拉康》，重庆大学出版社，李新雨译，2014，第 31 页。

婴儿与母体脱离的过程中，这个"贱斥"就发生作用了。这个过程中的婴儿，存在着对母亲欲望的排斥，他试图与作为贱斥物的母亲身体相分离，然而这种分离并不可能。因为这时的母亲并不是客体，婴儿也不是主体（他还没有习得语言能力），"贱斥"就处在未完全的"自我"与他者之间的边界上。为了分析这个现象，克里斯蒂娃在理论上设计了一个原点：所谓的"贱斥"，就是原初被压抑的客体。有了这个原初被压抑的客体，也就使得拉康意义上的"对象a"提前运作于婴儿身上。正是有了这个原初的压抑，导致"贱斥"产生于"主客体"概念形成之前及主客体分离之前。婴儿通过"贱斥"的作用，先于拉康所谓的"镜像阶段"，发生了一种主体性建构的运动。虽然，这种建构不是发生在象征秩序中，而是在一种符号态中完成的。如果没有这种根基于如此早先时刻的贱斥作用，人类无法形成"自恋"。

克里斯蒂娃认为，"污秽既不是符号也不是物质……污秽成为身体本身最早期边界的跨语言痕迹"①。这就是说，污秽就是一种很早就存在于贱斥作用的"客体"（让人联想到拉康的"小客体"——"对象a"）。没有这个客体的匮乏作用，就没法引导母亲的驱力运动、婴儿的驱力运动——就像一个漩涡的漏洞，引导着水缸里的水流不停运动、水纹相互区分和排斥。

（二）贱斥是一种革命性的动力

弗洛伊德和拉康都"将女性假想为一种缺失或者阉割"②，而"克里

---

① Julia Kristeva. *Pouvoir de l'honneur – essai sur l'abjection*. Paris：Editions du Seuil，1980. p. 88.
② ［英］埃丝特尔·巴雷特：《克里斯蒂娃眼中的艺术》，关祎译，重庆大学出版社，2020，第 109 页。

斯蒂娃的‘贱斥’概念引领着我们超越了弗洛伊德和拉康的观点”①。根据精神分析的理解，克里斯蒂娃在拉康没法想象的“前镜像阶段”，就提出了某种类似“对象 a”的贱斥作用。于是，这种贱斥作用引导着我们重新探讨现代文学的意义。文学不再是秩序世界、象征世界的意义表达，而是关于那个“漩涡的漏洞”的一种暗示。因为没有那种贱斥层面的揭示，我们的一切意义行为、象征运动都是次要的。克里斯蒂娃这样分析陀思妥耶夫斯基的《群魔》与“贱斥”的关联：《群魔》的世界是一个被否认的、虚假的和死去的父亲的世界，在那儿由处于权力漩涡中（en vertige de pouvoir）的女性统治着，她们是凶狠的、并非虚幻的护符。“通过象征化贱斥物，以及巧妙地付出说话的乐趣，陀思妥耶夫斯基摆脱了这个冷酷的母性重担。”②

“贱斥”意味着一种革命性的动力，在它的审视下，一切象征秩序都不再牢固了。这让我们联想到意大利哲学家阿甘本（Giorgio Agamben）对“神圣人”的论述，与克里斯蒂娃关于贱斥的论述有着相同的理论旨趣，阿甘本更关注的是德国思想家施米特（Carl Schmitt）提出的“例外状态”概念，并且他主要是放在政治神学领域来讨论；而克里斯蒂娃主要将“贱斥”概念应用于精神分析和文艺研究领域。

阿甘本借用费斯图斯的定义，对神圣人的描述如下：“‘神圣人’是由于犯罪而被人们审判的人，因此不允许祭祀这个人，也不允许这个人参加祭祀活动，杀死这个人的人也不会因杀人而遭到谴责。事实上，第一保民法中这样写道：‘如果某人根据公民表决杀死神圣人，这将不被视

---

① ［英］埃丝特尔·巴雷特：《克里斯蒂娃眼中的艺术》，关祎译，重庆大学出版社，2020，第 109 页。

② Julia Kristeva. *Pouvoir de l'honneur - essai sur l'abjection*. Paris：Editions du Seuil，1980. p. 27.

为杀人。'这就是为什么习惯上把坏人或不纯洁的人称为'神圣人'的原因。"①

我们可以将阿甘本的"神圣人"用克里斯蒂娃的"贱斥"概念重新表述："神圣人"是在祭祀仪式中连向诸神献祭的资格都没有的一类人，这种宣判比罪人被砍头还可怕，因为罪人毕竟能够在死后再回到族群的共同体之中。而"神圣人"则成为被贱斥之物，就像呕吐物一样，任何公民都可以用对待呕吐物的方式来对待这些排除出"人群"的神圣人，杀他们并不犯法。

阿甘本眼中"杀死他而不会受到惩罚，以及禁止祭祀他"的"神圣人"，在宗教和社会组织之中发挥的正是"贱斥物"的作用："既被排除在人间法之外，又被排除在神法之外，既被排除在俗世之领域外，又被排除在宗教之领域外。"② 就像拉康的"对象a"，处于想象界、象征界之外，然而却支配着它们发生运动。阿甘本的"神圣人"正是克里斯蒂娃描述过的"食物、肮脏、废料、垃圾的恶臭。痉挛和呕吐保护着我。厌恶、恶心让我远离，背离污秽、臭坑、邪恶"③。它发挥了贱斥物的巨大作用：划界。"污秽习俗与仪式是一种具有跨语言效力的行为，因此它们也是界限的烙印。"④

因为贱斥物、神圣人的存在，人们看到了自己生活的界限所在。所以，真正的革命只可能发生在这个最为基础的"界限"上，在这里发生

---

① ［意］吉奥乔·阿甘本：《神圣人：至高权力与赤裸生命》，吴冠军译，中央编译出版社，2016，第102页。

② ［意］吉奥乔·阿甘本：《神圣人：至高权力与赤裸生命》，吴冠军译，中央编译出版社，2016，第116页。

③ Julia Kristeva. *Pouvoir de l'honneur – essai sur l'abjection*. Paris：Editions du Seuil, 1980. p. 10.

④ ［英］埃丝特尔·巴雷特：《克里斯蒂娃眼中的艺术》，关祎译，重庆大学出版社，2020，第109页。

的那些微小变动都能震动全局。而其他一切"界限"内的生活变动，却都没有如此彻底的革命性。这也是克里斯蒂娃试图带入文学、绘画、宗教、精神分析的巨大"陌异性"。这个巨大的陌异性界定了人的边界以及行动的能力。

二、反抗在文艺中的表现形式

克里斯蒂娃写于 1974 年的博士论文《诗性语言的革命——十九世纪末的先锋：洛特雷阿蒙和马拉美》研究的是现代主义文艺创作中诗性语言的理论问题，因此，她的理论服务于文艺诠释是一直以来就有的特征。对于克里斯蒂娃来说，最重要的是发现文艺作品当中被以前的意义秩序所压制的那种陌异性维度，需要通过新的方式被揭示出来。曾经被压制为"非意义"的文艺表现，现在可以通过符号态来表达其存在。正是这种揭示，使得传统文学诠释、美术解读中的反抗因素得到了释放。陌异性概念，为文学、美术的诠释带来了新的途径。这种诠释本身，就是反抗旧有父权化的、意义的诠释秩序。

（一）文学诠释中的反抗

克里斯蒂娃比较 19 世纪的文本和现代文本，从而分别概括出文本的现代性和先锋意义："标示和代表成义过程的 19 世纪的文本，并不需要一元主体（sujet unitaire）来寄放，这不是一个众所周知的真理，而是在过程中经过主体分裂的真理的消耗。"① 洛特雷阿蒙和马拉美的文本，就具有这样的先锋性。而"现代文本把拒绝、意指的反转和'知识'联合（associer）'了起来：文本是一个可以被无限分析的过程"②。现代文学反抗了文学的常规再现形式，从而获得了一种质疑的革命性，这成为文

① Julia Kristeva. *La Révolution du langage poétique*. Paris：Editions du seuil，1974. p. 168.
② Julia Kristeva. *La Révolution du langage poétique*. Paris：Editions du seuil，1974. p. 168.

本的根本维度：实践。这一维度的获得是"提出新的意指机制来质疑（象征的和社会的）有限性"①。提出新的意指机制，意味着文学的反抗性和异质性的发明。国外有学者这样定义克里斯蒂娃的"异质性"（hétérogénéité，即陌异性）概念："经由'否定性'所促成的拒斥。语言和意识形态结构抓不住，涵纳不了，也难以综合的主体异质性，这种'拒斥'可以使之积淀成形。"② 而所谓的"否定性"概念，是克里斯蒂娃从黑格尔（G. W. F. Hegel）那里借鉴而来的，它指的是先前所构想的意识的局限，并且会随着意识的发展被超越或合并。也就是说，人之初的性受到了局限（否定），这个否定会随着日后的不断学习而不断回归自己的本性（否定就被打破了）。克里斯蒂娃认为黑格尔的"否定性"概念是"过程的起源"和"组织原则"③，"黑格尔的'否定性'概念防止了理论的固定化，否定性中涌动着运动发展的推进力，是一切自我运动的内在源泉。在否定性运动过程中，符号学不断思考自身，使自己成为一个永远在自我修正的、开放性的过程，成为一个不断进行自我批判的科学"④。通过借鉴黑格尔的否定性，克里斯蒂娃推导出其独特的"异质性"概念。

如此，在文学的层面，诗性语言就是一种充斥着否定性、贱斥和异质性的一种反抗能力。克里斯蒂娃使用"诗性语言"这一概念，解读了马拉美著名的诗篇《骰子一掷，不会改变偶然》（*Un coup de dés jamais n'abolira le hasard*）。其中，《一个星座》（*Une constellation*）是这首长诗

---

① Julia Kristeva. *La Révolution du langage poétique*. Paris：Editions du seuil，1974. p. 185.

② Michael Payne：*Reading Theory：an introduction to Lacan，Derrida and Kristeva*，Oxford：Blackwell，1993. p. 240.

③ ［法］朱莉娅·克里斯蒂娃：《诗性语言的革命》，张颖、王小姣译，四川大学出版社，2016，第193。

④ 周可可、刘怀玉：《从诗学革命到女性政治——西方学界关于克里斯蒂娃思想研究评述》，《哲学动态》2007年第6期，第28-33页。

的最后一部分，它通过"诗性语言"捕捉到了偶然性，从而构成一种文学的反抗。

UNE CONSTELLATION

一个星座①

遗忘和荒芜的冰冷

数不

胜数

在某个空虚而至上的表面

　　　　连续撞击

　　　　　最终幻成

星点的数点

警醒

疑惑

　　流动

　　　闪烁和深思

　　在停留在

某个使之珠光迷离的新点之前

全部思想掷出一把骰子

　　　　　　froide d' oubli et

de désuétude

　　　　pas tant

　　qu' elle n' énumère

　　　　　　　sur quelque

surface vacante et supérieure

　　　le heurt successif

　　　　　sidéralement

　　　　　　　d' un

compte total en formation

veillant

　　doutant

　　　　roulant

　　　　　　brillant

et méditant

　　avant de s' arrêter

　　　　　　à quelque

point dernier qui le sacre

Toute

Pensée émet un Coup de Dés

显而易见，这首诗的文字排列方式十分奇特，有时是阶梯式的，有时一行只有一两个字，显得错综复杂，似乎是受报纸排版的影响，毕竟

---

① ［法］马拉美：《马拉美诗全集》，葛雷、梁栋译，浙江文艺出版社，1997，第140页。

马拉美本人也认为，报纸这种媒介方式提供了某种智慧与希望，因而是含蓄隐晦诗歌的创作指南。有评论家因此认为，《骰子一掷，不会改变偶然》与报纸版式设计的视觉结构十分的类似。这种观点并非完全立不住脚，因为马拉美曾写道：

> 等不到这个世纪结束，新闻业就将构成全部的出版业——全部的人类思想。自从艺术使得言语以非常快的倍数增长——还不知道翻多少倍，人类将不断写书，天天写，一小时又一小时地写，一页又一页地写。思想将要在全世界传播，像光一样快……思想没有时间等到水到渠成——等到积累成一本书。书太慢了。从今天起，唯一可能的书就是报纸。①

不过，克里斯蒂娃似乎有意反对这种丧失理论维度的比附理解。她认为，"骰子一掷"就是一次"诗学实践"，而在这个实践中所动用的并非是对外在事物的转写能力，而是调用诗人内在的"诗性"能力。这个能力酝酿于"符号态子宫间"里。"符号态子宫间"是克里斯蒂娃的又一重要概念，它"诉诸于一个更紧密地连结母性、语言的儿童期的意义作用的超语言样态"②。所以"子宫间"内的危险的动态结构，被马拉美转写为动态的词语排列方式："（空瓶，疯狂，还有一切留在城堡里的东西呢？）虚无离去了，纯洁性的城堡继续存在世界上。"——"或骰子——被击破的偶然。"这种看似不经意的、凌乱无规则的、随意迸发的词汇，成为一种复数的诗语，抵抗了意义的单一性、意指的固定性。

对于克里斯蒂娃来说，马拉美的诗行正如骰子一掷的无穷偶然性，

---

① ［加］弗兰克·秦格龙：《麦克卢汉精粹》，何道宽译，南京大学出版社，2000，第94-95页。

② ［法］朱莉娅·克莉斯蒂娃、纳瓦罗：《思考之危境：克莉斯蒂娃访谈录》，吴锡德译，麦田出版社，2005，第147页。

骰子滚落之处便出现各种词汇，而词汇所指向的意义却始终没有出现，因为骰子一直在滚动。骰子只要没有停止滚动，那么命名就无法完成，意义也无法固定下来，诗行就可以继续零落着……马拉美发现了符号态的诗性语言。这种诗性语言，不可能是象征态的，必然是符号态的。正如克里斯蒂娃评论的："使掷骰子神圣化的最后一点，也就是我们称之为意指过程中的命名时刻的最后一点，让这一游戏成为一项实践。但是要让这项实践（这个'活动'）由'偶然'实施。偶然就是一个非象征的消耗，骰子的符号游戏：这就是诗性实践对于伊纪杜尔（Igitur），这个逻辑狂人所产生的意义。"① 这里提到的"伊纪杜尔"是马拉美通过诗歌创作，建构出来的一个诗性主体（被克里斯蒂娃称为"狂人"）。而"消耗"（耗费）的概念，也是克里斯蒂娃的概念之一，通常情况下，这一概念"蕴含着'否定与拒斥'，并通过语言建立起物质/图像的真实性和可象征性"②。

支配这个"逻辑狂人"伊纪杜尔的，是马拉美强调的"偶然"。然而这个被"偶然"支配着的狂人，指向一个实践的特殊空间："一项把象征态的消退牵连其中的危险活动。"③ 不仅是马拉美，在洛特雷阿蒙、乔伊斯等人的文学作品中，克里斯蒂娃发现了主体以及在此之上的意识形态等诸多限制爆裂了。因为她在那些今天被人们称为是"现代主义"作家作品的字里行间，读出了文本之间的缺口和缝隙，意识形态上的危机由此被制造了出来。而诗性语言成为文学反抗意识形态，获得文学自由的途径。在艺术实践中，诗性语言释放了巨大的反抗能量，从而颠覆了人们以象征化的方式理解文学作品的陈规陋习。这个意指实践重新塑造了一个具备符号态能力的主体。

---

① Julia Kristeva. *La Révolution du langage poétique*. Paris：Editions du seuil，1974. p. 199.

② ［英］埃丝特尔·巴雷特：《克里斯蒂娃眼中的艺术》，关祎译，重庆大学出版社，2020，第29页。

③ Julia Kristeva. *La Révolution du langage poétique*. Paris：Editions du seuil，1974. p. 197.

（二）美术解读中的反抗

克里斯蒂娃的思想对当代西方美术评论界产生了巨大的影响。她的理论贡献在于使得人们用来表达所看到的美术作品的理论词汇更为丰富了，视角也更加多样开阔了。以前，人们对于观看到的东西，总是试图采用象征秩序之中的意义和概念等来捕捉和界定；现在，由于克里斯蒂娃的"贱斥""符号态"等概念的出现，美术评论家得以在美术作品中看到时代的无意识，因为绘画语言、音乐语言总是溢出象征秩序的。如果我们不能从绘画、音乐的独特语言中看到更多的东西，那么这种语言就没有被聆听。由此，克里斯蒂娃理论中的美术观成为对传统叙事中美术史研究的反抗。更进一步，我们可以说，正是克里斯蒂娃的理论，让一些过去的绘画杰作，重新获得了自由的生命，人们看到了那些作品中以前被忽略的东西。

在中国美术评论界，由于一些专业译者的大量翻译工作，西方美术史研究的许多文献开始被国内学者系统地关注。其中，美国艺术史学者乔纳森·克拉里（Jonathan Crary）是哥伦比亚大学现代艺术与理论夏皮罗讲席教授，他的著作《知觉的悬置：注意力、景观与现代文化》① 展示了克里斯蒂娃的理论是如何给美术史带来深刻启发，并影响了人们对过去艺术杰作的重新理解的。英国学者埃丝特尔·巴雷特（Estelle Barrett）编著的《克里斯蒂娃眼中的艺术》② "从视觉出发"，审视克里斯蒂娃探讨艺术及视觉文化的视角，试图以重构之名从艺术学的角度剖析她的独特见解及其拓展。

克里斯蒂娃对互文性的理解，还深刻影响了乔纳森·克拉里的艺术

---

① 英文版 *Suspensions of Perception*: *Attention*, *Spectacle and Modern Culture* 出版于 1999 年，中译本《知觉的悬置：注意力、景观与现代文化》，沈语冰、贺玉高译，江苏凤凰美术出版社，2017。

② 英文版 *Kristava reframed* 出版于 2011 年，中译本《克里斯蒂娃眼中的艺术》，关祎译，重庆大学出版社，2020。

研究。正如我们前文所探讨的，互文性不同于影响的焦虑。所谓影响的焦虑往往是在符号系统内部发生的事情，就算是两种语言之间的影响，也同属于象征秩序内部，而不涉及象征秩序外部（比如，符号态的音乐语言）。正是不同于影响的焦虑的互文性观念影响了克拉里对肖像画大师爱德华·马奈（Édouard Manet）画作的解读。

马奈的画作《镜前》（*Before the Mirror*）（1876 年）呈现的是一个正在照镜子的女子的背面，但却没有展现镜像中的内容。整个画面色彩非常绚烂，大片的明亮色彩与镜子的暗棕色构成了鲜明的对比。这张画作在《知觉的悬置：注意力、景观与现代文化》中被作为第二章"1897：视觉的解体"的关键例证。克拉里试图通过他的"克里斯蒂娃化"的精神分析解读，看到这幅画作的语言所要传递给人们的东西。克拉里认为：

马奈《镜前》，1876 年

　　马奈的"《镜前》揭示了一个高度'解体的'视觉领域，在其中，注意力已从任何想要把它的客体聚在一起的要求中转移。那个人物，无论是在做穿衣服或脱衣服的动作，都是在一个无所限制的状况下进行的，与此对应的是，胸衣揭开的状态与相应的视觉注意力从任何约束性的强迫性注意点中解脱出来密切相关。"①

　　正是因为有了这种不稳定的色调、不稳定的形象（人们很难看清这幅画的对象，而且还是一个模糊的背面而已）作为对比，克拉里才能进一步得出他对马奈的《在花园温室里》（*In the Conservatory*）（1879 年）以及《在拉图依老爹家》（*chez le Père Lathuille*）（1879 年）的分析。

马奈《在花园温室里》，1879 年

　　克拉里引用保罗·利科（Paul Ricoeur）的说法，将这两幅创作于1879 年的马奈作品解读为"对符号世界的开放状态"。因为，在 1876 年马奈所绘的《镜前》中就有了这种不稳定的、分裂的视觉经验，现在这种视觉经验扩大了、普遍化了。正是在这个意义上，克拉里用克里斯蒂娃的"符号态"理论，将 1879 年这个艺术的时刻命名为"视觉的解体"。其实不是视觉解体了，而是人们的视觉不再统一于某一个焦点了，或者是不再为自己看到的东西强加命名、规范了。《在拉图依老爹家》和《在

————————

① ［美］乔纳森·克拉里：《知觉的悬置：注意力、景观与现代文化》，沈语冰、贺玉高译，江苏美术出版社，2017，第 85-86 页。

马奈《在拉图依老爹家》，1879

花园温室里》中的人物，不过是《镜前》里的易变性、不稳定性的进一步发展。在这两幅画中的男子，沉溺于一种"分心"的走神状态，这使得这两幅画的意义非常不稳定。克拉里将这三幅画统一起来看：

> 无论是那个女人（《镜前》）对镜中的自己的凝视，还是观赏者对于这一场景的有名无实的窥阴癖式的窥视，都被分散和驱逐至任何准确的坐标体系之外。与这种对镜子的所有经典处理（一种同一性、反射和模仿性相似的光学）的解体相伴随，甚至被认为是社会效应的规范注意力的可能性在此也被废弃了，正如在《在花园温室里》的二元夫妇结构里所清楚表现的那样。①

从《镜前》到《在花园温室里》《在拉图依老爹家》，一脉相承的是同样的一个自我解放的绘画语言，它要求视觉焦点的解体。克拉里指出："用克里斯蒂娃分析 19 世纪晚期法国诗歌的话来说，我们可以用一种普

---

① ［美］乔纳森·克拉里：《知觉的悬置：注意力、景观与现代文化》，沈语冰、贺玉高译，江苏美术出版社，2017，第 86 页。

遍的方式，把《镜前》定位为一个从逼真性、空间性、时间性形象表达的符号秩序中挣脱的意指实践。"① 所以，《镜前》的意义就在于感官的解放，所有分散的感官不再被束缚于某一点、围绕着某种意义方式，而是呈现出一种反抗的精神。"在《镜前》中，一种多重的感官注意力参与活动，解开了主体对一个客体世界的掌握，它还溢出了所有种类的界限、边界和固定位置之外。"② 也因为这种画面中通过笔触表达的节奏、强度、无所指的颜色被马奈激活了，因而这些作品比其他作品显得更加生机勃勃。

更进一步，克拉里认为，这就是马奈所捕捉的时代精神。克里斯蒂娃的精神分析不仅让传统艺术史论忽略的细节得到了表达的方式，而且还在这种方式的启发下发现了某种时代的语言——这些语言，都是传统象征秩序的意义世界所忽略的。传统的艺术史论甚至会误解这种绘画语言。艺术史家认为马奈在创作《马克西米连皇帝的行刑》（*The Ececution of Emperor Mazimilian*，1868）时，联想到他看过的戈雅的版画《1808 年5 月 3 日》，所以会受到一些影响。但是本质上两幅画并不相同，"马奈的画图缺少了戈雅画中的戏剧性和悲怆感。这幅画不带感情，同时代人也认为它冷酷无情。……在表面主题之外并未溢出任何图画的暗示"③。如此理解的这种冷酷无情，仍然是从文本意义的审视角度出发看到的。如果换个角度，则会看到那些画面中无所指的东西，也正是马奈画作中最具有生气的东西。象征意义的丧失，反而是绘画语言自我的凸显，它不刻意为了什么而呈现自己。这就是克里斯蒂娃对艺术史评价的颠覆性启示。

---

① ［美］乔纳森·克拉里：《知觉的悬置：注意力、景观与现代文化》，沈语冰、贺玉高译，江苏美术出版社，2017，第 86 页。

② ［美］乔纳森·克拉里：《知觉的悬置：注意力、景观与现代文化》，沈语冰、贺玉高译，江苏美术出版社，2017，第 86-87 页。

③ ［英］修·昂纳、约翰·弗莱明：《世界艺术史》（第 7 版），吴介祯译，北京美术摄影出版社，2014，第 672 页。

　　这种美术评论的反抗，起源于克里斯蒂娃为她的理论注入了独特的"主体"（参考"女性主体""女性禀赋"）概念。这个主体是不被符号压抑的。克拉里眼中马奈的作品描绘的就是这样的主体，而非具有历史意义的主体。可以与之对比的是，卢浮宫里卡拉瓦乔（Caravaggio）的绘画《算命者》（*The fortune teller*），"在卡拉瓦乔那里，有强烈的目光接触、触觉接触，这是一个相互的情感投入系统，在相遇的交流本质中被注入社会的、性欲的和经济差异的互相作用"①。然而，马奈的作品产生了一种反转效果，这种反转效果"存在于它对两个其命运的可能性不再具有历史性意义的主体形象的表现上"②。在马奈的作品中，人物的某些器官脱离了语境，不再成为戏剧性、情节性的暗示物，而是变得难以描述——知觉就在这种时刻脱离了人们的控制。这种颠覆性的意义，正是克里斯蒂娃的理论所揭示的。

　　克拉里用克里斯蒂娃的观点对艺术品进行了解读。而埃丝特尔·巴雷特（Estelle Barrett）在其著作《克里斯蒂娃眼中的艺术》中设一个章节对克里斯蒂娃的主要观点"贱斥"进行了评述。他认为："贱斥"可以被视为"一种文化启蒙"，"作为一种过程，贱斥可以摧毁意义，但它同时也是构成意义的认同与更新的重要根本"。克里斯蒂娃告诉我们："'贱斥'是将情感植入象征体系的过程，它使主体经验的意义与价值得以表达。"然后，"把对贱斥的关注从艺术生产的场域转移到接收场域，开启一种与观众反应相关的新型艺术批评"③。作者还在对澳大利亚当代著名艺术家比尔·汉森（Bill Henson）在 1995 年"威尼斯双年展"中的

————————

① ［美］乔纳森·克拉里：《知觉的悬置：注意力、景观与现代文化》，沈语冰、贺玉高译，江苏美术出版社，2017，第 88 页。

② ［美］乔纳森·克拉里：《知觉的悬置：注意力、景观与现代文化》，沈语冰、贺玉高译，江苏美术出版社，2017，第 88 页。

③ ［英］埃丝特尔·巴雷特：《克里斯蒂娃眼中的艺术》，关祎译，重庆大学出版社，2020，第 8 页。

系列作品分析的基础上，探讨了"贱斥"是如何带来恐惧、厌恶、反感等负面效应，以及"贱斥"又是"如何在观看体验中发生、发展的"。总之，在艺术研究领域，"贱斥"理论所提供的框架可以帮助我们理解"主体是如何置身于自己与艺术品的关系之中的"①。

　　然而，克里斯蒂娃的"互文性"和"女性"诠释，都有着漫无边际的泛化特征，这也造成了她的理论存在着边界不清的问题。尤其是，在语言学的"无言"界限以及主体的"死亡"边界上，她没有给出明确的界定。而其他理论家，如意大利哲学家吉奥乔·阿甘本、法国哲学家雅克·朗西埃（Jacques Rancière）则弥补了她的这一不足。因此，克里斯蒂娃的诗性化的、人文主义的理论体系，总体来说更加适用于对文学、艺术的诠释，而在政治哲学的诠释方面则因为缺乏边界而缺乏效力。但是，克里斯蒂娃近年来却致力于"创造出一种完全让位于文化相遇的政治哲学，最好的是，它把这种文化相遇植入每个人的内心深处"②。我们可以理解为这是克里斯蒂娃作为人文主义学者美好的理论展望，但因为缺乏必要的理论论证而显得些许牵强。

---

① ［英］埃丝特尔·巴雷特：《克里斯蒂娃眼中的艺术》，关祎译，重庆大学出版社，2020，第8页。

② Julia Kristeva：Renmin ribao，Renmin luntan（人民论坛），11 décembre 2014. http：//kristeva. fr/renmin-ribao. html。这儿将 rencontre 译作相遇而不是碰撞（heurt），因为克里斯蒂娃 2009 年在同济大学的演讲稿中特别提出"相遇不是碰撞"。http：//www. kristeva. fr/en_ chine. html.

第四章

克里斯蒂娃理论的限度

克里斯蒂娃理论的底色是精神分析。因此，讨论其理论的局限性，也要从精神分析入手。克里斯蒂娃对精神分析的把握是一种非时间性的陌异性，因此并不强调概念的边界，而只是强调反抗的意义。除上文提到的"贱斥是一种反抗"外，克里斯蒂娃用一种陌异性维度来反抗旧有的意义秩序，从根本上说，这奠基于弗洛伊德对无意识的深刻揭示。这种理论继承关系，她在复旦大学的演讲《多声部的人》中有所谈及：

> 弗洛伊德对我最大的启示就是，一个人不是单一的，人至少有两个戏剧舞台：一个是意识，一个是无意识。它有多种层次和逻辑。这至少有利于发现下列问题：关于我们对内在经验的理解，特别是宗教意义上的经验。以前是通过祈祷，但不仅通过祈祷，也可通过对音乐的聆听，通过对艺术的鉴赏、文学作品的阅读等来实现这种内在经历，而意识正是对这种内在经验的一种适应。弗洛伊德让我看到另一种世界的存在，它既不属于理性，也不属于意识、思辨。①

———————

① ［法］朱莉娅·克里斯蒂娃：《主体·互文·精神分析 克里斯蒂娃复旦大学演讲集》，祝克懿、黄蓓编译，三联书店，2016，第193页。

在其祖国保加利亚时并没有机会接触到精神分析的克里斯蒂娃，直到 1965 年去到法国后才开始接触弗洛伊德，但她并没有因为接触得晚就理解得不够深入，根据克里斯蒂娃的理解，"弗洛伊德认为人是由性决定的，性在弗洛伊德的学术研究中占有很重要的地位"①。

《反抗的意义和非意义》（*Sens et Non-sens de la Révolte*）是克里斯蒂娃在 1994—1995 年于巴黎七大讲授的精神分析学讲义。她探讨了"何种形式的反抗能够在当代社会的权力真空中发生，在那里真理是相对的，政治和语境的效力既是标准化的也是可证伪的"②。该作品中，弗洛伊德的影响是显而易见的。克里斯蒂娃说自己试图论证弗洛伊德的发现之独特性所在，即"精神分析是临床性的，是思想发展与性欲共存的理论"③。这种共存就埋下了陌异性维度，在我们认知的"自我"之内，还有一个欲望能量流动着的"陌生的自我"。

陌异性是贯穿克里斯蒂娃理论的关键词之一。在保加利亚接受的法语教育使克里斯蒂娃到了法国之后可以迅速融入巴黎的文化氛围，但却仍然时常感到自己是个"陌生人"，"没有比在法国更让人感到自己是个外国人"。可是，同样"没有像在法国那样，人们能更好地成为外国人"④。这一感受，也是构成《自己的陌生人》（*Etrangers à Nous-mêmes*）（1988）的创作基础。

---

① ［法］朱莉娅·克里斯蒂娃：《主体·互文·精神分析 克里斯蒂娃复旦大学演讲集》，祝克懿、黄蓓编译，三联书店，2016，第 194 页。
② ［英］埃丝特尔·巴雷特：《克里斯蒂娃眼中的艺术》，关祎译，重庆大学出版社，2020，第 132 页。
③ ［法］朱莉娅·克里斯蒂娃：《反抗的意义和非意义》，林晓等译，吉林出版集团，2009 年，第 130 页。
④ ［法］朱莉娅·克里斯蒂娃、祝克懿：《多声部的人——与克里斯蒂娃的对话录》，黄蓓译，《中国社会科学报》2013 年 7 月 26 日（B01 版）。

第一节 反抗的意义与局限

克里斯蒂娃在精神分析中强调"言说者的双重体会（思想—性欲）"，就是看到言说者调用了分别来自思想和性欲的两种语言。前者是象征态的语言，是意义的；后者是符号态的语言，是非意义的。正是因为在言说者的语言内部，就共存着"意义"和"非意义"，所以揭示这个事实就激活了"非意义"部分对"意义"部分的反抗。克里斯蒂娃将自己的发现归结于弗洛伊德的理论贡献："我们知道，正是在语言中，弗洛伊德开辟出了'另一个舞台'——无意识的舞台，还有它的构成要素（冲动代表）和逻辑（初始过程），这些是不能简化为有意识的语言交流的。"[①] 一旦简化就会压制，而压制又带来反抗的力量。在作品中，克里斯蒂娃首先对反抗一词从词源上进行了详尽的解读，然后又过渡到弗洛伊德，论证"反抗和精神分析学的历史和现状有着密不可分的深层关系"[②]。

这种反抗的意义，在于恢复了被压抑的非意义部分，将欲望在符号态的语言中安抚了。然而，其局限在于，这种非意义实在是过于泛化，无法区分出非意义部分的边际在哪里。

一、从反抗到禁忌

以新人文主义者自居的克里斯蒂娃看到了反抗本身存在一种沦为非

---

① ［法］朱莉娅·克里斯蒂娃：《反抗的意义和非意义》，林晓等译，吉林出版集团，2009，第130页。

② ［法］朱莉娅·克里斯蒂娃：《反抗的意义和非意义》，林晓等译，吉林出版集团，2009，第18页。

意义的状态，所以她要研究反抗内在具有的色情欲望的维度，从而将"非意义"转化为一种"意义"，以便维持反抗的存在。

在拉康那里，色情已经是一个精神分析的话题。拉康曾于1963年为法国色情作家萨德（Sade）小说《闺房哲学》（*La Philosophie dans le Boudoir*）写过一篇题为《康德与萨德》（*Kant avec Sade*）的导言，而此前他在1959—1960年有关精神分析伦理学的第7期研讨班中就已经将康德同萨德放在一起讨论了。① 拉康把弗洛伊德研究的"禁忌/违抗"辩证法深入到哲学史当中，从而不可思议地在康德的启蒙哲学内部发掘出潜伏着的萨德的欲望：追求原乐（jouissance）（一个让拉康、克里斯蒂娃和罗兰·巴特等学者着迷的词语），"他的道德律令就是：'我享乐，故我在'"②。

自从拉康发现了康德伦理背后有着与色情作家萨德一致的欲望暴力，色情在精神分析学的视野下被联系到人类社会的普遍存在上来。色情不仅仅是一种禁忌，它还扮演了更为重要的认知角度。克里斯蒂娃的思路是，通过贱斥来认知色情，从而调和色情里面的僭越禁忌的因素，在某种意义上她将色情也视为一种（符号态的）语言。那么，色情是禁忌，它不从属于象征世界。在另外的意指世界中，色情能够得到平衡、协调，从而导向诗性的主体。如果不承认色情，就是不承认主体内在的享受维度。

若要在文学世界中画出禁忌空间，色情文学可以是其中一个代表。而"作为颠覆传统价值观"的"色情文学"③，其本身就符合了"法律/

---

① 吴琼：《康德同萨德：拉康的绝配》，《中国人民大学学报》2010年第2期，第61-68页。

② 吴琼：《康德同萨德：拉康的绝配》，《中国人民大学学报》2010年第2期，第61-68页。

③ ［法］朱莉娅·克里斯蒂娃：《反抗的意义和非意义》，林晓等译，吉林出版集团，2009，第40页。

违抗"所构成的辩证模式。它的存在，反而保障了文学世界内部的秩序，同时使得冲垮秩序的反抗欲望得到安抚。假设禁忌失效了，色情文学就失去了反抗的意义，因为它不再是禁忌了。只有在禁忌有效的前提下，色情文学才能成为一种反抗。弗洛伊德开创的精神分析师职业，相对于黑格尔的辩证法世界，也是一个越界的形象。因为，黑格尔的辩证法当中设立的禁忌和对抗关系在弗洛伊德这里通过精神分析手段被化解了。"在其（弗洛伊德）创建的精神分析学中，回想的关键不是禁忌和违抗的对峙，而是移情过程中自由联想的内部步骤：重复（répétition）、修通（perlaboration，心里疗效）、润饰（élaboration，转化）。"① 这个禁忌空间被打开之后，病人在精神分析师的帮助下，通过自由回想的手段，跨越了这个禁忌的空间，从而得到治愈的力量，重新返回到现实秩序内部。正是欲望越界的流动，帮助了病人返回秩序。对克里斯蒂娃而言，艺术发挥的也是这个精神分析的越界治愈功能，这也是克里斯蒂娃一生研究的边界问题的具体表现。

精神分析为越界者划出了活动的空间，这个动态平衡的空间立足于精神分析最基础的概念——无意识之上。正是弗洛伊德的无意识理论，提供了超越"禁忌/违抗"辩证关系的语言描述。对于"禁忌/违抗"辩证关系来说，矛盾就是界限，矛盾就是禁忌。然而无意识理论却指出在某些语言类型中并不存在"矛盾"的法则。比如，在研究梦境语言时，病人如果说"我没有梦见我的母亲"，那么弗洛伊德会纠正道："你梦见的正是你的母亲。"因为，"无意识中不仅没有否定，而且也没有期限和时间"②。克里斯蒂娃从弗洛伊德那里认识到，原始语言也具有梦境语言一样的无矛盾的特征，"原始语言像无意识一样无矛盾地运行"，"原始语

---

① ［法］朱莉娅·克里斯蒂娃：《反抗的意义和非意义》，林晓等译，吉林出版集团，2009，第41-42页。

② ［法］朱莉娅·克里斯蒂娃：《反抗的意义和非意义》，林晓等译，吉林出版集团，2009，第58页。

言在一定程度上揭示了无意识的运行"，"梦的状态和原始语言的共同点就是：矛盾并不发挥作用"①。

除了原始语言之外，诗歌和神话两种意指类型也类似无意识的运作方式，具有无矛盾、非同一律的特征。"诸如诗歌和神话，它们的意识语言表达意义的过程就像做梦的过程一样，如此便极大地扩展了无意识领域。"② 所以，在前面提出的"禁忌/违抗"框架之下，还有超越这个框架的动态的渗透过程，表现在意指类型上可以见于梦境语言、诗歌和神话，也就是宗教或艺术所依赖的意指类型。这些意指类型，能够化解反抗的快感，能够为欲望、快感的违抗提供渗透、过渡的手段。

弗洛伊德关于语言可以连接意识和无意识的发现，被克里斯蒂娃转化为艺术语言可以跨越禁忌框架、安抚"反抗的欲望"的人文主义反抗政治的原理。克里斯蒂娃面对的主要时代性论敌是宗教的复兴，因此其人文主义理念的反抗首先就要保证反抗本身的意义，那么就需要反抗宗教的复兴。然而反抗的意义并不是天然的。克里斯蒂娃提出这个质疑反抗的意义的问题，是在苏联解体之后的新政治语境中提出的。其实她早在《诗性语言的革命》中就已经讨论过反抗的话题，不过后来她仍然反思道："在 20 世纪 70 年代，我们谈论反抗时还不会牵涉权利和价值观的真空，但是自从最近苏联共产党垮台以后，权利和价值观的变质问题就日益突出，越发变得具有威胁性。"③ 她认为："宣称与宗教斗争到底的那些意识形态事实上都只是给宗教冠上了危险绝对的洁净之名，却避而

---

① ［法］朱莉娅·克里斯蒂娃：《反抗的意义和非意义》，林晓等译，吉林出版集团，2009，第 59 页。

② ［法］朱莉娅·克里斯蒂娃：《反抗的意义和非意义》，林晓等译，吉林出版集团，2009，第 59 页。

③ ［法］朱莉娅·克里斯蒂娃：《反抗的意义和非意义》，林晓等译，吉林出版集团，2009，第 37 页。

不谈隐藏于洁净之下的反抗将带来快感。"① 因为这个"反抗将带来的快感"的问题伴随着精神分析而浮现在时代危机里，有必要对下述问题进行追问：我们有能力进行反抗吗？如果我们无能为力，原因何在？换句话说，实现宗教人士或文艺工作者所说的自我超越是可能的抑或是不可能的？

从弗洛伊德的弑父神话开始，克里斯蒂娃总结出了"法律/违抗"所构成的老式辩证模式。这种辩证模式当中具有的宗教力量能够"产生被缓和的和非暴力的幻象"。"虽然这些幻象充斥着一定程度的攻击性，但是却满足了他们隐秘的享受反抗的欲望。"② 这些话语表达出了克里斯蒂娃非常明确的想法，即法律本身伴随着禁忌，没有禁忌就没有法律秩序。然而对法律秩序本身的逾越，具有一种反抗的快感，人无法摆脱自身这种快感的欲望。解决办法就是，承认在法律/违抗之间越界空间的存在，并让宗教或艺术来沟通这个反抗的快感所支配的领域。只有确保这个领域的存在，法律秩序本身才能得到稳固。克里斯蒂娃在宗教和艺术两者之间，更倾向于选择艺术来撑起这个禁忌空间。她自问自答道："哪块世俗地是产生法律/违抗辩证关系的土壤？无疑就是那些被艺术投注过的土壤。"③

原教旨主义的宗教狂热运动试图摆脱这种中间地带，明确禁忌空间，所以他们必须采取激进的手段来抑制、否定"反抗中的欲望"问题。而克里斯蒂娃认为，一个精神分析学家不可能忽视这一问题，只有安抚了反抗中的欲望，才能在动态平衡中健全社会运行的象征机制。她在思考

① ［法］朱莉娅·克里斯蒂娃：《反抗的意义和非意义》，林晓等译，吉林出版集团，2009，第35页。

② ［法］朱莉娅·克里斯蒂娃：《反抗的意义和非意义》，林晓等译，吉林出版集团，2009，第39页。

③ ［法］朱莉娅·克里斯蒂娃：《反抗的意义和非意义》，林晓等译，吉林出版集团，2009，第39页。

反抗时，始终认为反抗最终是和语言行为分不开的，因此，她将象征语言之外的无意识能量注入语言之中，使得她理解的"语言行为"包含了音乐语言、绘画语言、梦境语言、神话、诗性语言等种种非象征类型。

克里斯蒂娃的新人文主义极为重视反抗中的欲望，然而这种欲望如果得不到调节和引导就容易成为一种死亡驱力。正是克里斯蒂娃对反抗中的欲望的引导和调节，使得她避开了敌对性的"禁忌/违抗"框架，建立了一种富有包容性的人文理念。旧的那种人道的哲学，很容易沦为野蛮的哲学，因为它始终会为了论证自己拥有人道的价值而将敌对方视为"罪犯和非人"（施米特）。新人文主义者批判了这种潜在的理论危险性，看到了其背后运作着的死亡驱力，因而试图建立神话、诗性语言、艺术等来化解这种你死我活的敌对性。反抗背后蕴藏着"非意义"的欲望能量，而这个能量必须得到调节才能使得反抗的意义得到稳定。所以，克里斯蒂娃的"反抗"是在"意义"与"非意义"之间的。

承担这个反抗的是语言，克里斯蒂娃认为："语言是这种互动的领域，我们知道，正是在语言中，弗洛伊德开辟出了'另一个舞台'——无意识的舞台，还有它的构成要素（冲动代表）和逻辑（初始过程），这些是不能简化为有意识的语言交流的。"① 因为语言（不完全是象征语言）表达了主体的性欲和思想。这就避免了认知主义仅仅从知识逻辑的角度看待精神，因为主体的精神内部还有性欲冲动。语言包容了这两者，所以也是一种诗性语言。用克里斯蒂娃的符号学术语来说，其"反抗"概念的承担者是主体的"语言"，这种语言兼有符号态、象征态的形式。

罗兰·巴特的符号学贡献之一，在于揭露了各种意识形态背后运作的符号系统与指涉规则。克里斯蒂娃将这种符号学与精神分析学结合在一起，从而扩宽了语言的概念，并将这个精神分析符号学视为一种反抗

---

① [法] 朱莉娅·克里斯蒂娃：《反抗的意义和非意义》，林晓等译，吉林出版集团，2009，第130页。

的手段。否则，反抗在象征语言中会遭遇内在的"非意义"问题，而"非意义"问题在克里斯蒂娃这里能够被包容于符号态语言之中，从而在更深刻的主体维度保证了对意识形态的反抗。

二、从禁忌到神圣

克里斯蒂娃的"陌异性"概念，指向精神世界便出现了"前俄狄浦斯阶段"的"陌生的自我"，指向艺术世界便出现了"空白"的意义，指向"圣经"便发现了它"憎恶的符号学"。而如果我们将这个陌异的、贱斥的概念，挪用到政治哲学上，便可以发现克里斯蒂娃与巴塔耶（Georges Bataille）、阿甘本惊人的相似之处。他们的理论都基于一个象征秩序之外的视角，将那些被禁忌排除出去的"客体"对象加以恢复，并将其恢复到其本来应有的地位上去。对克里斯蒂娃来说，她关注的是陌异性如何在主体内，在欲望的维度上得到能量的平衡，将它视为主体内在的构成部分，所以为它设计了符号态和象征态两种存在方式。

相比于克里斯蒂娃温和的协调方法，巴塔耶和阿甘本显得更为激进，他们并不试图去安抚色情、献祭、绝对暴力的能量，而是注重观察它们是如何构造、影响世俗的现实世界的。因为这种差异，克里斯蒂娃的"贱斥"理论是一种新人文主义实践，而巴塔耶的色情研究成为一种新的社会学，阿甘本的神圣献祭研究则导向了一种政治神学。

巴塔耶也继承拉康的"康德就是萨德"的分析思路，不过他把注意力从康德伦理学转向了人类的社会构成，他看到"色情体验和神圣性的体验两者均具有一种极端的强度"[1]。简单来说，巴塔耶认为，在原始的宗教祭祀仪式上体验到的神圣性（通过人殉、兽殉的鲜血来表现这种神圣性）和被人类社会视为禁忌的色情体验（大多数现代伦理都有性禁忌

---

[1] ［法］乔治·巴塔耶：《色情》，张璐译，南京大学出版社，2019，第403页。

方面，比如禁止乱伦、禁止卖淫），都具有一种绝对的暴力，因此在这个层面它们是一回事。他在谈禁忌和僭越的本源时，展示了马塞尔·莫斯（Marcel Mauss）的学生罗杰·卡约瓦（Roger Caillois）的作品《人与神圣事物》的论文大意："在人种学研究的部落中，人类的时间可以分为世俗时间和神圣时间，世俗时间是日常时间，工作和遵守禁忌的时间；而神圣时间是祭典的时间，本质上也是僭越禁忌的时间。在色情层面，祭典往往是放纵性欲的时间。在完完全全宗教的层面，神圣时间尤其是献祭的时间，是僭越杀人禁忌的时间。"[①]

献祭的、放纵性欲的宗教化狂欢节，本身意味着超出日常劳动所支配的世俗象征秩序，也就是僭越。然而，如何理解这种僭越，大家却存在着严重分歧。克里斯蒂娃是通过符号学来认知的。她的理论依据是巴赫金对狂欢节话语的研究，从而将僭越视为另一种语言一样的存在（符号态语言，比如音乐语言、绘画语言）。克里斯蒂娃通过主体内在的多种维度，来包含这些僭越的因素。而巴塔耶认为，这种僭越并不能简单地被视为主体的东西，因为当人类僭越了杀人禁忌、色情禁忌之后，他在某种意义上体现的并不是作为"主体"的人的东西，而是一种（非人的）"动物性"。克里斯蒂娃始终试图规训各种潜在的、危险的欲望能力，将其收编在主体概念下；而巴塔耶、阿甘本并不具有这种人文主义情怀，他们拒绝将僭越的因素收编到"人"的"主体"上，而是主张将其还原到"神圣时间"，并坚定地和人类的"世俗时间"区分开。"神圣"的存在，是一种类似动物性存在的空间，是被人们划出禁忌的空间。巴塔耶将禁忌与劳动联系起来，认为通过劳动构造的世界，拒绝了动物性的存在，所以才构成了人类世界。

---

① ［法］乔治·巴塔耶：《色情》，张璐译，南京大学出版社，2019，第410页。

从一开始就意味着存在一个劳动的世界，这个世界是排斥性生活或杀人的，或者通常来说是排斥死亡的。一方面是性生活，另一方面是杀人、战争、死亡，对于劳动的世界来说，这两方面严重扰乱秩序，甚至造成动荡。毫无疑问，这些时刻是被根本排斥在很快具有了集体性的劳动时间之外的。与劳动时间相比，创造生命与抹杀生命都必须被丢弃到外部，与生死攸关——并肯定生死——的情感强力时刻相比，劳动本身是中立的时间，是一种无化（annulation）。①

正因为这种界限分明的两个世界的存在，哲学在现代时期才陷入了危机，巴塔耶认为"哲学作为普通人性的表达，却让自己与性生活和死亡，也就是与极端的人性撇清关系"②，这正是哲学病入膏肓的原因。显然，克里斯蒂娃也看到了这点，她的办法是通过精神分析学，拓宽哲学的视野，将"前俄狄浦斯阶段"的贱斥物纳入哲学之中。从这点看，巴塔耶和克里斯蒂娃对哲学危机的诊断是殊途同归的：一个是通过区分来诊断，一个是通过扩宽来应对。

色情曾经被定义为"秘密"，是个人问题，现在巴塔耶将它上升为"神圣时间"中的普遍问题。因为它和献祭一样，关联着世俗世界和神圣世界的界限。它本身就是界限之外的存在，因此它是最难以被描述的东西。克里斯蒂娃的方案，是重新定义一种"语言"（符号态、象征态），来描述这种"不可描述"的普遍经验；巴塔耶的方案，是拒绝"语言"对神圣之物的描述，认为那种存在只能诉诸沉默（"无声的凝视"）——"将僭越赋予哲学做基础（这是我的思想方法），就是用无

---

① ［法］乔治·巴塔耶：《色情》，张璐译，南京大学出版社，2019，第411页。
② ［法］乔治·巴塔耶：《色情》，张璐译，南京大学出版社，2019，第412页。

声的凝视代替语言，是在存在的顶点凝视存在。"① 在这一点上，克里斯蒂娃确实是罗兰·巴特的学生，她以符号学为根基统摄一切思考；而巴塔耶则像极了维特根斯坦（Ludwig Wittgenstein）对语言界限的思考。维特根斯坦说过："凡是可说的东西，都可以明白地说，凡是不可说的东西，则必须对之沉默。"② 而巴塔耶阐释了类似的话："没有了语言我们会变成什么？语言将我们变成了现在的模样。归根结底，只有语言能揭示出不再运用语言的至上瞬间。但是最终，说话者会吐露自己的无力。语言并非独立于禁忌和僭越的游戏而存在。"③

这是一种"神圣"的存在，这种存在是一种绝对的暴力。巴塔耶清晰地说出了这种绝对暴力的可怕性：

> 神性之物的这种暴力和有害身心的方面，通常在献祭仪式中有所体现。而且，这些仪式往往超乎寻常地残酷……这些让人毛骨悚然的做法着实罕见，在献祭中并非必须，但是它们指明了献祭的意义所在。十字架酷刑本身也让基督教意识与神性秩序这一可怕的特点相连，尽管是无意识的：神性之物的首要原则是一种烧光、毁灭的需要，只有得到满足，才能成为守护神。④

克里斯蒂娃担心宗教原教旨主义的复兴运动会将"神圣性"视为欲望的客体加以追求，那么，这个客体就会将他们导向绝对的暴力之中。为了抵抗这种存在，必须通过精神分析学，找到审视这个神圣存在的

---

① ［法］乔治·巴塔耶：《色情》，张璐译，南京大学出版社，2019，第435页。
② ［法］维特根斯坦：《维特根斯坦全集：逻辑哲学论》，陈启伟译，河北教育出版社，2003，第187页。
③ ［法］乔治·巴塔耶：《色情》，张璐译，南京大学出版社，2019，第436页。
④ ［法］乔治·巴塔耶：《色情》，张璐译，南京大学出版社，2019，第292页。

视点。

巴塔耶已经通过禁忌划出了神圣时间和世俗时间的界限，阿甘本则在这种区分的基础上重新认识了"主体"的生命。克里斯蒂娃始终有人文化的倾向，因此其政治哲学也不过是诗性的符号学的一个变种而已，她不敢设想的是动物性与人性在主体生命内的共处。而对主体当中动物性（可以用来献祭的神圣性）和人性的确认，是阿甘本走向政治哲学的基础。

阿甘本的理论基础，就在于区分形式生命和神圣生命/赤裸生命。他在《形式生命》的一开始就提及："古希腊人有不止一个词用来表达我们用'生命'一词所指称的东西。他们使用两个在语义与词形上截然不同的词：zoē，表达的是一切生物（动物，人或神）共享的生命这一直接事实；bios，则指某个单一体或群体所特有的生命形式或方式。"① 后者，就是阿甘本所定义的"形式生命（form of life）"，即："一种不可能与其形式相分离的生命，一种永无可能在其中离析出类似赤裸生命之类东西的生命。"② 就是说人永远是肉体生命的存在，不可能脱离生命这个形式而存在。而 zoē 则启发阿甘本定义了"神圣生命"，这种生命形式让人像献祭的动物一样暴露自己，人不再是生命的人，而是动物、石头一样随时可以被终结的物体。所以说，神圣生命也就是赤裸生命，是与生命诸形式语境相分离的、随时可以被权力、宗教终结的 zoē。形式生命，具有人性；而赤裸生命/神圣生命，则是一种动物性一样被随时支配的生命。

可怕的是，阿甘本看到，人能随时被视为动物性存在而被献祭本来不是政治生活的常态，现在人们却越来越习以为常。比如，国际难民，按道理而言也是具备生命权的公民，而不是赤裸的生命。现实是国际难

---

① ［意］吉奥乔·阿甘本：《无目的的手段》，赵文译，河南大学出版社，2015，第 3 页。

② ［意］吉奥乔·阿甘本：《无目的的手段》，赵文译，河南大学出版社，2015，第 4 页。

民的生死，却成为一件非常随意的事情。他们没有国家主权的保护，生命因此沦为动物性存在，他们的生命权可以随意被抛弃，因为没有人会被追究责任。阿甘本看到，"在古代政权中，赤裸生命是政治中立的，作为生物性生命隶属于上帝"，在政治生活中一般看不见赤裸生命，政治生活是由具有形式生命的人构成的。但是，"现在，同样的赤裸生命完全进入了国家结构，甚至成为国家的正当性和主权的世俗基础"①。主权对人的统治，越来越关注生物性生命。曾经献祭给上帝的赤裸生命越来越被视为国家主权理所应当的统治物。人的地位，在现代主权国家当中，可以随时沦落为赤裸的生命（比如在内战状态中）。主权、法则，越来越具备动物性管理的特征。这种巨大的危险，是阿甘本研究"例外状态"等政治哲学的出发点。就是说，在阿甘本这里，动物是没有语言的，不管是符号态，还是象征态。而克里斯蒂娃虽然也看到了例外的存在、僭越法则的贱斥物，不过她并没有把人的动物性处境视为自己的研究基础，她更多看到的是种种"语言"的世界。

第二节　泛化的理论边界

克里斯蒂娃的理论具有一种泛"互文性"倾向，无论什么都是意指实践：看起来如果什么不属于象征态意指实践，那它就属于符号态意指实践。这种倾向，在阿甘本、巴塔耶那里就意味着对界限的模糊。虽然克里斯蒂娃的符义实践的泛化理解曾经为"文本"理论带来极大的活力，但也正是因为界限的模糊，造成了其理论的不足，也带来了克里斯蒂娃

---

① ［意］吉奥乔·阿甘本：《神圣人：至高权力与赤裸生命》，吴冠军译，中央编译出版社，2016，第173-174页。

理论的限度问题：克里斯蒂娃因为其理论缺乏界限而修改了主体概念，也修改了语言概念本身。她的主体概念，逾越到了"前俄狄浦斯阶段"之中，因而丧失了主体诞生的清晰的起始时间；她的语言概念，由于区分符号态和象征态，将诸多"非意义"的内容视为符号态，使得她的符号态也缺乏边际、过于泛化。总之，这是一个过于泛化的"互文"的世界。

一、漫无边际的主体概念

相比于拉康精神分析学的主体概念，克里斯蒂娃的主体无疑更加提早到了"子宫间"，整个"子宫间"时期都可以纳入她的符号态理论当中，这时候的胎儿可以算入"前俄狄浦斯阶段"的主体。在拉康那里，婴儿从出生到6个月的时期属于"前镜像阶段"时期，这期间只有自我概念，而没有形成主体。在克里斯蒂娃看来，没有出生的"子宫间"时期，胎儿就有能量平衡的问题，而这种动态的符义实践蕴藏着符号态意指实践的巨大潜能，它被视为艺术天才的宝库。显然，她扩宽了"人性"的范围，扩大了主体的领域。这种对主体界定的扩大，为主体带来了很多好处，比如主体内部"陌生的自我"的层次就更加丰富了，内在陌异性也更多了，男女性内在的"女性禀赋"也更强烈了。但与此同时，其不足之处也非常明显：克里斯蒂娃的主体失去了限度，失去了肇始时期，她的理论没有将人与"动物性的人"区分开来。因而其理论内部潜伏着"反人文"的激进维度，"贱斥"理论正是其表现。

要理解人的主体，不能无限泛化其界限，必须清晰地划出人与动物性状态（如腐烂的、细菌滋生的尸体）的界限。克里斯蒂娃的语言符号学，在其理论的最远处，也只是看到了"前俄狄浦斯阶段"和"子宫间"的符义活动，但是，她看不见符义"沉默"之处。相比之下，阿甘本看得更远，"主体在语言中并通过语言的构成正是对这种'无言'经验的剥夺，从一开始它就始终是'言说'。因此，一个主要的、远不是主体的经验就只能是人成为主体之前——使用语言之前的状态：字面意义上的'无言'经验，人的幼年，其界限可以由语言来划定"①。所以，阿甘本的语言观导向了他的前语言主体的认知；而克里斯蒂娃扩大的语言观导向了她的"前俄狄浦斯阶段"主体的认知。后者看到在人类幼年时期还存在着另一种语言；而前者则拒绝认同人类幼年存在语言，阿甘本将其描述为一种"沉默"、一种"纯粹的无言经验"②。和阿甘本的主体的"沉默"类似，巴塔耶看到了语言丧失描述能力的"无声的凝视"之处，朗西埃也认为"歌唱式的言说的诗性魅力实际上是语言幼年的结结巴巴的状态"，他"在语言的聋哑状态下"看到了"诗性的魅力"。③ 巴塔耶、阿甘本、朗西埃都重视最根本的界线，而克里斯蒂娃则侧重"跨界"，虽然其"跨界"的范围只是前者划界范围内的一小块。

　　这是克里斯蒂娃语言符号学和政治哲学的根本局限：她为现代主义的诗性语言追溯了一个人类幼年时期的符号态语言，并在"女性禀赋"中看到了这种语言的女性特质。然而，她没有考虑到跟任何语言都截然区分的"纯粹的无言经验"，而只是从象征态到符号态扩大了语言的类型而已。这是其理论的不彻底性所在。而且，克里斯蒂娃的反抗因为精神分析学的调节，将反抗越界的非意义部分，用主体的意义加以弥补。这种做法，虽然扩大了主体的能力，巩固了反抗的意义，却忽视了主体内部本身具有的动物性赤裸生命的维度。这个赤裸生命的维度，仍然会否定掉克里斯蒂娃的新人文主义反抗的主体意义。换句话说，克里斯蒂娃的理论，更适合应用于艺术、文学领域（尤其是音乐、图画、摄影、诗

①　[意] 吉奥乔·阿甘本：《幼年与历史-经验的毁灭》，尹星译，河南大学出版社，2011，第42页。

②　[意] 吉奥乔·阿甘本：《幼年与历史-经验的毁灭》，尹星译，河南大学出版社，2011，第41页。

③　[法] 雅克·朗西埃：《审美无意识》，蓝江译，南京大学出版社，2020，第17页。

歌等），而非追求理论彻底性的政治哲学、宗教分析等领域。

　　克里斯蒂娃受限于拉康的精神分析名言"无意识是像语言一样结构的"的束缚，并且始终在开拓这句话的范围，她在无语言之处看到了新的意指类型，从而忽略了对更为基础的"无言"的关注，忽视了从无言到种种语言经验之间的断裂性。当她考虑贱斥物时，她首先联想到的是母亲，然后是母性的语言，而这个过程中忽视的是"动物性存在"也是一种贱斥物，而且是无语言的贱斥物。一旦在贱斥物和语言之间搭建桥梁，其理论就可以用来研究诸如陀思妥耶夫斯基（Dostoevsky）、阿尔托（Antonnin Artaud）、洛特雷阿蒙、普鲁斯特（Marcel Proust）、卡夫卡（Franz Kafka）、塞利纳（Louis-Ferdinand Céline）等伟大作家的文学作品。克里斯蒂娃的所长同时又是她的所短，因为她始终在"无法赋义"上越界："在普鲁斯特那儿，我们能找到贱斥的更直接的、情欲的、性欲的、欲望的原动力；而在乔伊斯那儿，我们会发现，是女性的身体，母亲的身体，对个体而言无法赋义，无法象征。"① 克里斯蒂娃跨越的这个界限，对于维特根斯坦来说，是无法逾越的。

　　克里斯蒂娃的理论所短，正是维特根斯坦的理论所长。无论是巴塔耶还是阿甘本的语言理论，都极大地借鉴了维特根斯坦在《逻辑哲学论》结尾处提出的观点。阿甘本指出："作为语言'神秘'界限的东西不是一些模糊的所谓'神秘经验'中外在于或超出语言的一种心理现实，它就是语言的先验起源，无异于幼年。不可言说的事实就是幼年。"② 克里斯蒂娃将这部分定义为"子宫间"的能量驱动，并将其视为语言的某种"前主体"的缘起，忽略了"不可言说"的"前语言主体"的幼年经验。在无言的地方，克里斯蒂娃总是能发现类似音乐/声音的存在："在节奏

---

①　Julia Kristeva. *Pouvoir de l'honneur – essai sur l'abjection*. Paris：Editions du Seuil，1980. p. 23.

②　［意］吉奥乔·阿甘本：《幼年与历史—经验的毁灭》，尹星译，河南大学出版社，2011，第46页。

和歌曲上的重复，因此也就是在不是意义或者不再是'意义'的东西上的重复，也就是安排、推迟、区分和命令、协调情感（pathos）、忧虑、热情和狂喜的东西。"① 最适合克里斯蒂娃理论的象征物，是"沉默的深渊与忧郁的幽灵"，而且她所谓的沉默并不是无声的，"它（弗洛伊德的立场）使精神分析的忧郁性沉默飘荡在奇特的与陌生的话语之上，严格地说，这种话语通过模拟恐怖、热情或狂欢的一种机制来打破语言交际（由妥当的一种知识和真理构成），比起与语言来，它与格律和歌声更加亲近"②。所以，这里描述的音乐语言、诗性语言，仍然在"符号态语言"的范围之内。

二、模糊的政治哲学界定

《恐怖的权力：论卑贱》第十章"在开始之处且没有尽头……"的开头处，克里斯蒂娃引用了法国作家塞利纳的作品《路易·费尔迪南·塞利纳对您说》中的一段话："您知道，《圣经》有言：'开始之处是圣言'。不是的！在开始处是情感。圣言是之后为了代替情感才来的，正如小跑代替飞奔。马的自然本性是飞奔，而人们让它小跑。人们让他走出情感的诗歌，又把他推进辩证中，就是说把他推进结结巴巴之中，不是吗？"③

这段话暴露了克里斯蒂娃对神圣性认知的不足。她看不到神圣性（即赤裸性）与动物性之间的一纸之隔。其实，在阿甘本和巴塔耶那里，圣言才是任何言说的开端。阿甘本曾经形象地描述过神圣对世俗的巨大

---

① Julia Kristeva. *Pouvoir de l'honneur – essai sur l'abjection*. Paris：Editions du Seuil, 1980. p. 36.

② Julia Kristeva. *Pouvoir de l'honneur – essai sur l'abjection*. Paris：Editions du Seuil, 1980. p. 38.

③ Julia Kristeva. *Pouvoir de l'honneur – essai sur l'abjection*. Paris：Editions du Seuil, 1980. p. 222.

支配能力："根据古代传说，基督诞生之夜的某一刻，动物获得了说话的能力——这是童话中的动物在再次进入自然的沉默语言之前最后一次出现在迷幻之中。"① 克里斯蒂娃将圣言的位置，让渡给了精神分析的"激动"，让渡给了一种音乐、节奏的"诗性语言"，用它来反抗辩证的象征语言。因此，克里斯蒂娃的语言符号学，通过精神分析学的中介，转化为一种更具包容力的诗性的语言符号学，同时也是一种富有新人文主义精神倾向的理论。然而该理论的不彻底性，使其只能作用于女性主义（文学）理论，而很难转化为真正的政治哲学。

在政治哲学层面，通过对比阿甘本、巴塔耶的理论，我们观察到了克里斯蒂娃理论的不足之处。她在政治哲学领域的不足，与她的理论特色紧密相关。克里斯蒂娃的理论体系，受益于她认可的"女性天才"汉娜·阿伦特的政治哲学。而这种受益，也带来了其思想的不足。汉娜·阿伦特是从第二次世界大战产生了法西斯主义并且导致了集中营惨绝人寰的大屠杀后果的时代状况着眼的。阿伦特将自己的理论根基安置在反思极权主义上。极权主义将多元的矛盾的个人，整齐划一地规训到一个意识形态之中。因此极权主义思想，就是个人主义、多元主义的反面。阿伦特说："贯穿整个哲学史的，是一个十分怪异的观念——在死亡和哲学之间存在着某种姻亲关系。数个世纪以来，哲学被看成是教人如何去死。"② 阿伦特的意思大概是传统哲学过度关注死的问题，而这正迎合了某种理性主义的传统政治哲学，也潜在地为建立极权主义思想提供了传统的依据。大屠杀的后果，给了阿伦特一次理论反思的机会，她认为，奥斯威辛之后，人类在文明的废墟上反而可以拥有一种优势，那就是既能够采用不受传统束缚的眼光来审视过去，同时又能在没有任何依据的

---

① ［意］吉奥乔·阿甘本：《幼年与历史：经验的毁灭》，尹星译，河南大学出版社，2011，第 119-120 页。
② 陈伟：《阿伦特与西方政治哲学传统之超越》，《党政研究》2015 年第 1 期，第 86-91 页。

情况下进行思考。

所以，阿伦特要颠覆过去人们过于关注死的问题的哲人气质的理性主义，反过来去关心大多数人的"生"，以及生的多元性。她多次引用圣·奥古斯丁提出的"人被创造出来，一个开端形成"的名言，因此，她提出"创生性"（natality）的概念来对人的"生"的状况进行描述，与之对立的是人终有一死的"必死性"（mortality）。从更加抽象的意义上讲，创生性也可以指人可以创造新事物的事实。阿伦特指出："既然行动是最典型的政治活动，创生性而非必死性，可能是政治思想（区别于形而上学思想）之中心词。"① 阿伦特关于创生性的观点，可以追溯到1928年她在雅斯贝斯（Karl Theodor Jaspers）指导下完成的博士论文，该论文探讨的主题是圣·奥古斯丁的"爱"的概念。其中，她抛弃了传统的基督教研究思路，而侧重于现世的世俗的邻里之爱的探讨。在其后期作品《人的条件》（*The Human Condition*）中，阿伦特对"创生性"这一概念进行了彻底的阐发。

汉娜·阿伦特给了克里斯蒂娃以思想的引导。她将阿伦特对创生性的关注，深刻地嵌入了自己的理论体系之中，从而忽视了"必死性"的领域。其中，阿伦特区分"无论哪个人"和"那个人"，是为了说明个体当中才有世界性；划一主义中不仅丧失了人的个体性，也丧失了人的世界性。这种引导，在克里斯蒂娃的理论中意味着对女性主义运动史的重新规划。克里斯蒂娃认为，女性主义运动已经走过了妇女参政、男女平等和男女差异三个阶段，这三个阶段各有特点。第一个阶段她举的例子是毛泽东在延安时期赋予女性参政权的民主实践；第二个阶段是波伏娃《第二性》（1949年）所指出的："本体论意义上男女平等的确立"；第三个阶段是1968年"五月风暴"与精神分析学共同开启的一条道路：

---

① 陈伟：《阿伦特与西方政治哲学传统之超越》，《党政研究》2015年第1期，第86-91页。

寻找两性的差异，并认为女性特殊的创造力正源于此种差异。如果根据阿伦特的眼光来审视这段女性主义史，那么这三个阶段都属于"群体的"女性，也就是说，它们理解的女性是复数的，"女性被当成群体对待，而非个体"①。那么，自然而然，接下来的走向，就是将阿伦特发现的个体性与世界性之间的关联，贯彻到下一阶段的女性主义运动之中。这也就是克里斯蒂娃所做的工作：发现"女性禀赋"，认为男女性都具有内在的陌异性，而这种个体的陌异性，恰恰是普遍的，具有阿伦特意义上的个体的"世界性"。一种可分享的主体性——"女性禀赋"，恰恰激发了人的创造性。

然而，阿伦特理论的不足之处在于夸大了个体创造性的能力，低估了由"必死性"引发的规范和边界问题。这种不足，也被克里斯蒂娃所继承。克里斯蒂娃的理论中没有"无"的界限，就算是"空白"也会被她理解为一种符义实践的空间。在《恐怖的权力：论卑贱》中，她用一种象征的说法提出："在同一时间性和同一逻辑中，也要将'空白'展现给分析者，与能指和原初过程的游戏就建立在这一'空白'之上。这一'空白'和这个游戏的专断就是最接近恐惧的等价物。"② 因为这块空白之地，就是崇高客体的所在——它因为没法被命名，而被赋予了特殊而牢固的命名：

> 语言不恰恰是我们最高程度的、不可分割的崇拜物吗？确切地说，语言就建立在崇拜物否定论的基础上（"我知道，但也只能如此"，"符号不是事物，但也只能如此"，"母亲是不可命名的，但我还得说"等），是语言定义了我们作为言在（être

---

① ［法］朱莉娅·克里斯蒂娃：《主体·互文·精神分析 克里斯蒂娃复旦大学演讲集》，祝克懿、黄蓓编译，三联书店，2016，第91页。

② Julia Kristeva. *Pouvoir de l'honneur – essai sur l'abjection*. Paris：Editions du Seuil, 1980. p. 48.

parlant）的本质。作为创立者，"语言"崇拜也许是唯一无法分析之物。①

从空白之地向政治哲学的转化，在阿甘本身上最具有典型性。克里斯蒂娃通过将被排除的贱斥体，重新统一了象征态的意指活动。在克里斯蒂娃的思想世界中，支配者始终是那个绝对的陌异物。在传统理论中，被排斥的意指领域，才关联着更为基础的法则。这个被排斥的空白之地，正如阿甘本所理解的"无法"的世界。但是，克里斯蒂娃只考虑了贱斥的过程，而未考虑贱斥的前提，即被排除的东西。这和精神分析对人本身的关注有关，贱斥只能在人的范围内探究。这种视野的局限，被阿甘本所弥补。

相比于阿甘本考虑的"神圣"话题，克里斯蒂娃的理论一直是"世俗"的。对于前者来说，神圣划定了人的生活界限，这点对于政治哲学而言是必须清晰认知的；对于后者来说，任何神圣都是虚伪的，在任何神圣的活动（比如献祭）中都具有欲望的释放问题。克里斯蒂娃取消了神圣性，就是为了恢复世俗性。她说：

> 如果我们愿意思考神圣空间和象征空间通过艺术和美学而重叠，我们的现代文化将会是何种模样：一方面，是关于教士们庆祝具有和平象征意义的洁净和规范的演说；另一方面，吟唱，跳舞，绘画，玩文字游戏，陶醉于构造音节，讲故事时加入幻象——在世俗文学中，它们先是化身为神圣咒语，最后逐渐摆脱宗教场景。②

---

① Julia Kristeva. *Pouvoir de l'honneur − essai sur l'abjection*. Paris：Editions du Seuil，1980. p. 49.

② ［法］朱莉娅·克里斯蒂娃：《反抗的意义和非意义》，林晓等译，吉林出版集团，2009，第39页。

克里斯蒂娃看到了神圣概念并划出了"人与动物的界限",但是,在她的"法律/违抗"的思维方式中,那些界限本身就是情欲化的,是可以任意取消的,算不上真正的边界。

克里斯蒂娃关心的是"隐秘地享受反抗的欲望",以及这种欲望如何在世俗文学中,成为美学创造的动力。因此,尽管她涉及了政治哲学的一些话题,但其理论体系本质上是一种诗性之学,不具有政治哲学的严格性。因为,她的诗性之学,本身就带着边界不清的局限。

结　语

　　克里斯蒂娃的理论核心，是"主体"与"互文"这对具有互渗性关系的概念。从学科门类上看，她的理论涵盖了语言符号学、精神分析学和由这二者引出的文化批判思想，其核心是"主体与互文"，其应用是"新人文主义"。互文性是具有主体维度的互文性；主体是关注符号态的精神分析学主体，而且主要是女性主体。抛开"主体"与"互文"两个维度中的任何一个，都无法全面理解克里斯蒂娃在另一维度的理论贡献。因此，我们通过这项工作，对克里斯蒂娃的理论做了整体概括，并且归纳出其理论的限度问题。

　　第一，贯穿克里斯蒂娃理论大厦的是其独特的"女性禀赋（génie féminin）"的理解，更准确地说，是一种男女性别共有的、可分享的、发现内在之异的特质。这是一种具有普遍性的理论追求。所以，无论男女，只要发现自我内在的陌异性维度，就可分享这种"女性禀赋"。克里斯蒂娃的女性主义，不是女性主义运动前三个阶段那样的群体性面目，而是个体性面目，只有发现了个体性内在的陌异性维度，人才能激活"女性禀赋"，发挥出内在的创造性。如果没有这个内在的异的维度，人就不能健康地生存，而容易患上精神疾病或孤独症；如果社会压制这种陌异性维度，就容易导致政治灾难（如极权主义）。而对艺术家、作家而言，这种陌异性维度在伟大作品的语言中比比皆是。

第二，"主体与互文"的理论整体性有了"女性禀赋"的这块基石后，主体就不再是"俄狄浦斯化"的象征界主体了，而是兼容了"前俄狄浦斯阶段"的"子宫间"的、过程中的（女性）主体。在这种"子宫间"的欲望能量处于动态平衡，而非凝固的过程之中，这种主体维度继承了克莱因的精神分析学，拓宽了拉康的俄狄浦斯框架。通过改写拉康的"三界"（想象界、象征界、实在界）概念，克里斯蒂娃重新定义出"符号态"和"象征态"的符义分析概念，与此理论相贯通的，恰恰是她由巴赫金对话理论发明而来的互文性概念。然而，人们对互文性概念充满了种种误解，仅仅将其视为"文本间性"或者庸俗化为作品之间"引用""影响的焦虑"等。产生误解的根本原因是，"互文性"概念基于克里斯蒂娃的理论整体，主体维度是互文性概念之中不可缺少的内容。互文性谈的不仅是文本，而且内含了精神分析学的、兼容"前俄狄浦斯阶段"的主体，还有符义分析的"符号态/象征态"，以及"女性禀赋"的陌异性与创造性。所以，"主体与互文"的互渗性关系，就构成了克里斯蒂娃理论的底色，而这里的主体主要是指女性主体及其禀赋。

第三，克里斯蒂娃的"互文性"概念，必须在"主体与互文"的互渗性关联之中得到理解。与互文性同等重要的，是克里斯蒂娃理论中的主体问题——关于这一点，国内研究者往往有所遗漏。所以，克里斯蒂娃的文化批判才能深入到宗教、美术、诗学、人文主义、政治哲学等多种学科之中。虽然，我们习惯于在文学分析中引用克里斯蒂娃的"互文性"理论，但是真正释放互文性理论潜力的，仍然是克里斯蒂娃本人对宗教、美术、诗学等这些领域的批评文章，甚至是她本人的文学创作。限于体例和篇幅，本研究没有将其文学创作纳入，留下了一个遗憾，但希冀以后在此基础上可以进行更深入地挖掘。

第四，"陌异性"这个特征，贯穿了她的"主体与互文"的理论体系。在主体内发现"陌生的自我"以及陌生的"女性禀赋"，在互文中看到异乡人的语言、翻译的语言，在精神分析中看到被传统的"俄狄浦斯阶段"所压制的能量流动和动态平衡。召唤这种陌异性，成为后来她新的人文主义呼吁的核心特征。所谓的"女性主体"及"女性禀赋"并没有限制或缩小克里斯蒂娃的主体关怀，因为克里斯蒂娃的内核始终追问着"自我的陌异性"。而"自我的陌异性"是可分享的，是普遍的。所以，"主体与互文"是一个具有可分享性的、普遍性的理论体系。它鼓励所有人发现自我的陌异性，并分享这种普遍性。可以说，克里斯蒂娃"主体与互文"的理论大厦，兼容了（主体内在的或语言过程中的）陌异性和（可分享的）普遍性。

不过，克里斯蒂娃的理论也存在一定的局限性。克里斯蒂娃广阔的"前俄狄浦斯阶段""符号态"概念，将意指实践的领域扩大到了"文本"之外，涵盖了图像语言、音乐语言、诗性语言、精神分析等领域，因此为美术解读、文学诠释、精神分析实践带来了理论活力。然而，这种漫无边际的概念设计，在文艺领域固然能发挥其强大的阐释力，在政治哲学上却因为界限不清遭受了困境。对克里斯蒂娃来说，在其理论的最远处，也还能看到开端前的开端，即"前俄狄浦斯阶段""子宫间"的符义活动，但是，她看不见符义沉默之处，看不到人性和动物性的严格界限，也没有主体何时出现的起点，因此，克里斯蒂娃用扩大的"互文性"理论，来反抗范围狭隘的文本理论，但她漫无边际的"互文性"却没有与"无意义""动物性"划出界线，因此，其人文主义反抗理论内在就忽视了动物性赤裸生命的存在。而这个明确的界限，对于一种反抗的政治哲学而言是必要的。她的理论不足得到阿甘本、朗西埃等人的理论的纠正和补充。

总体而言，克里斯蒂娃认识到的时代处境，是汉娜·阿伦特已经意识到的整齐划一的极权主义的延伸。对克里斯蒂娃来说，不仅要否定父权化的理性主义（指逻各斯中心主义）主宰，还要将群体面目的女性主义运动转变为承认个体主体性内在的异，同时因为每个人都具有这种内在的异，因而也是"世界性"的"女性主义"。她的时代处境，除了阿伦特关注的极权主义问题，还有宗教原教旨主义复活的问题。因此，她发现了一个美学化的圣母玛利亚来调和父权化的基督教。正是"（女性）主体""互文性"这两个兼具了精神分析学、复量符号学理论所长的概念，帮助克里斯蒂娃解决了时代困境并指出了新的人文主义反抗道路。她定义出"符号态""前俄狄浦斯"等概念，是为了呼唤出被"意义"压制的"非意义"，就像弗洛伊德看到了"意识"之下的"无意识"，从而反抗时代的理论弊病。克里斯蒂娃的新的人文主义，是诗性的（互文性的），是女性主义的，也是精神分析的。所以，克里斯蒂娃说"不可能给我下个定义"，其实是鉴于她理论体系的多核多向、复杂变幻，我们对她应该进行"多元评价与身份定位"①。而这个不可定义性，其奥秘就在"主体""互文性""女性禀赋""陌异性""新人文主义"等概念的互渗性之中。

　　最后，克里斯蒂娃拥有"法国文论家更具有主观的性格"②，她的理论也具有 20 世纪法国理论家的"通病"。国内克里斯蒂娃的重要研究者秦海鹰认为，克里斯蒂娃的"思想体系庞杂，其著述从内容到语言都极为艰涩……相当多的文学系教授坦言'不好懂'"③，学者史忠义更是评价道："她的叙述特点是冗长，总想把自己知道的相关知识都插入进去，引用前沿时尚的东西比较多，文章艰深。"④ 这无疑给本研究带来理解与

---

① 祝克懿："克里斯蒂娃学术精粹选译"总序，见《克里斯蒂娃自选集》，第 1 页。
② ［法］罗兰·巴尔特：《符号学原理——结构主义理论文选》，李幼蒸译，三联书店，1988，第 2 页。
③ 秦海鹰：《互文性理论的缘起与流变》，《外国文学评论》2004 年第 3 期，第 19-30页。
④ 史忠义：《符号学的得与失——从文本理论谈起》，《湖北大学学报（哲学社会科学版）》2014 年第 4 期，第 8-12，148 页。

阐释上的很多困难。同时，克里斯蒂娃是一位在世的理论家，时至今日她仍然在不断拓宽着研究的深度和广度，因此我们尚不能对她的理论盖棺定论。

　　然而，笔者仍然对克里斯蒂娃的思想进行研究，试图通过这样的一项工作，勾勒出克里斯蒂娃整个理论大厦的框架，做到既着眼于传统的研究领域，又把握其理论的现实意义，并且尽量在每个研究范围内做到在现有成果基础上的进一步推进，从而对克里斯蒂娃深邃复杂的理论做出更加接近原貌的阐释。

参考文献

外文文献:

克里斯蒂娃的著作:

1. Julia Kristeva, Sémiotikè: Recherches pour une Sémanalyse, Paris: Editions du Seuil, 1969.

2. Julia Kristeva, Le texte du roman: Approche SéMiotique D'Une Structure Discursive Trans-Formationnelle, La Haye: Mouton, 1970.

3. Julia Kristeva, La Révolution du langage poétique: L'avant-garde à la Fin du XIXe Siècle: Lautréamont et Mallarmé, Paris: Editions du seuil, 1974.

4. Julia Kristeva, La traversée des Signes, Paris: Editions du Seuil, 1975.

5. Julia Kristeva, Polylogue, Paris: Editions du Seuil, 1977.

6. Julia Kristeva, Pouvoir de L'honneur - essai sur L'abjection, Paris: Editions du Seuil, 1980.

7. Julia Kristeva, Le langage, cet Inconnu: Une Initiation à la Linguistique, Paris: Editions du Seuil, 1981.

8. Julia Kristeva, Etrangers à Nous -mêmes, Paris: Gallimard, 1988.

9. Julia Kristeva, Les Samouraïs, Paris: Gallimard, 1990.

10. Julia Kristeva, Le temps Sensible, Proust et L'expérience Littéraire, Paris: Gallimard, 1994.

11. Julia Kristeva, Sens et Non - sens de la Révolte, Paris: Fayard, 1996.

12. Julia Kristeva, La Révolte Intime, Paris: Fayard, 1997.

13. Julia Kristeva, Hannah Arendt, Paris: Fayard, 1999.

14. Julia Kristeva, Pulsions du Temps, Paris: Fayard, 2013.

其他外文文献：

15. Anna Smith, Julia Kristeva: Readings of Exile and Estrangement, New York: St. Martin's Press, 1996.

16. Anna-Marie Smith, Julia Kristeva: Speaking the Unspeakable, London: Pluto Press, 1998.

17. CatherineBoutors-Paillart, Julia Kristeva, Adpf: Ministères des Affaires étrangères, 2006.

18. CynthiaXillet, Maternal Ethics and other Slave Moralities, New York: Routledge, 1995.

19. David R. Crownfield, Body/Text in Julia Kristeva: Religion, Women and Psychoanalysis, New York: State University of New York Press, 1992.

20. Elaine Showalter, Feminist Criticism in the Wilderness, In The New Feminist Criticism Essays on Women, New York: Pantheon Books, 1985.

21. EmileBenveniste, Problème de Linguistique Générale I, Paris: Gallimard, 1966.

22. EmileBenveniste, Problème de linguistique générale II, Paris: Gallimard, 1974.

23. Estelle Barrett, Kristeva Reframed, London: I. B. Tauris & Co.

Ltd, 2011.

23. Eynel Wardi, Once Below a Time: Dylan Thomas, Julia Kristeva, and other Speaking Subjects, New York: State University of New York Press, 2000.

24. Françoise Van Rossum – Guyon, Le Cœur Critique: Butor, Simon, Kristeva, Cixous, Amsterdam: Rodopi, 1997.

25. JacquesFontanille, Sémiotique du Discours, Limoges: Presses uni-versitaires de Limoges, 2003.

26. Janice Doane and Devon Hodges, From Klein to Kristeva: Psychoana-lytic Feminism and the Search for the "Good Enough" Mother, Michigan: The University of Michigan Press, 1992.

27. Jocelyn Girard, Fiction d'une Théorie: D'où Parle L'œil dans l'œuvre de Julia Kristeva. Mémoire de Maîtrise, Chicoutimi: Université du Québec, 1999.

28. John Fletcher and Andrew Benjamin, Abjection, Melancholia and Love: The Work of Julia Kristeva, New York: Routedge, 1990.

29. JohnLechte, Julia Kristeva, London: Routledge, 1990.

30. JohnLechte, Fifty Key Contemporary Thinkers: From Structuralism to Postmodernity, London: Routledge, 1994.

31. JohnLechte, Writing and Psychoanalysis: A Reader, London: Arnold, 1996.

32. Josiane Leclerc Riboni, Des Mandarins aux Samouraïs: La Fin d'un Mythe, New York: Peter Lang, 1997.

33. Kelly Oliver, Reading Kristeva: Unraveling the Double–bind, Bloom-ington: Indiana University Press, 1993.

34. Kelly Oliver, Ethics, Politics and Difference in Julia Kristeva's Writ-

ing, New York：Routledge, 1993.

35. Kelly Oliver, The Portable Kristeva, New York：Columbia University Press, 1997.

36. Marie de Solenne, Entre Désir et Renoncement：Dialogues avec Julia Kristeva, Sylvie Germain, Robert Misraki, Dagpo Rimoché, Paris：Dervy, 1999.

37. Mélanie Gleize and Julia Kristeva, au Carrefour du Littéraire et du Théorique, Paris：L'Harmattan, 2005.

38. Michael Payne, Reading Theory：An Introduction to Lacan, Derrida and Kristeva, Oxford：Blackwell, 1993.

39. Michelle Boulous Walker, Philosophy and the Maternal Body：Reading Silence, London：Routledge, 1998.

40. Noëlle McAfee, Julia Kristeva, New York：Routledge, 2004.

41. Patricia J. Huntnigton, Esctatic Subjects, Utopia and Recongnition：Kristeva, Heidegger, Irigaray, New York：State University of New York Press, 1998.

42. Roland Barthes, Œuvres Complètes, vol 3, Paris：Seuil, 2002.

43. Stein Haugom Olsen, From Text to Literature：New Analytic and Pragmatic Approaches, New York：Palgrave Macmillan, 2005.

44. TorilMoi, The Kristeva Reader, Oxford：Basil Blackwell, 1986.

45. Sara G. Beardsworth, The Philosophy of Julia Kristeva, Chicago：Open Court Publishing Company, 2020.

外文论文：

1. François Hourmant, "Tel quel et ses Volte-face Politiques（1968—1978）", Vingtième Siècle, revue d'histoire, n°51, 1996.

2. Karine Zbinden, "Du Dialogisme à L'intertextualité: une Relecture de la Réception de Bakhtine en France (1967—1980)", Entre Russie et Europe: itinéraires croisés des linguistes et des idées linguistiques, n°17, 2003.

3. Joy Morny, "Et la Chair s'est Faite Verbe", Recherches Fe'ministes, Vol. 2, n°3, 1990.

4. Judith Butler, "The Body Politics of Julia Kristeva", Hypatia, vol. 3, 1989.

5. Julia Kristeva and Françoise Collin, "Entretien avec Julia Kristeva", Les Cahiers du GRIF, n°32, 1985.

6. Julia Kristeva and Waltraud Gölter, "Sacrifice et Espace du Sens: Entretien avec Julia Kristeva", Les Cahiers du GRIF, Hors-Série n°1, 1996.

7. Julia Kristeva and Alexandre Lévy, "Un exil Bulgare. Un entretien avec Julia Kristeva", Hommes et Migrations, n°1205, Janvier-février 1997.

8. Julia Kristeva, "Brouillon d'Inconscient ou l'Inconscient brouillé", Genesis (Manuscrits-Recherche-Invention), n°8, 1995.

9. Julia Kristeva, "Impossible de me définir", Le Soir, 2016.

10. Julia Kristeva, "Du sujet en linguistique", Langages, 6e année, n° 24, 1971.

11. Julia Kristeva, "Poésie et négativité", L'Homme, Vol. 8, n° 2, n1968.

12. Julia Kristeva, "La voix de Barthes", Communications, Vol. 36, 1982.

13. Julia Kristeva, "Je suis et resterai une 'étrangère'", Le Grand Entretien, Philosophie Magazine, n°135, 2019/2020.

14. Louis Hay, "Pour une sémiotique du mouvement", Genesis (Manuscrits-Recherche-Invention), n°10, 1996.

15. Malye Jean，"De l'humanisme. In：Bulletin de l'Association Guillaume Budé"，n°2，1958.

16. Maxime Lachaud，"The Abject Body in Harry Crews's Fiction"，Anglophonia／Caliban，n°15，2004.

17. Pierre－Yves Testenoire，"Anagrammes：sur une hypothèse de Ferdinand de Saussure"，Histoire Épistémologie Langage，Vol. 34，n° 2，2012.

18. Roland Barthes，"L'étrangère，La Quinzaine littéraire"，n° 94，1970. Voir：Œuvres complètes，vol 3，Seuil，2002.

中文文献：

克里斯蒂娃著作中文版：

1. ［法］朱莉娅·克里斯蒂娃：《爱情传奇》，姚劲超等译，华夏出版社，1992。

2. ［法］朱莉娅·克里斯蒂娃：《反抗的未来》，黄晞耘译，广西师范大学出版社，2007。

3. ［法］朱莉娅·克里斯蒂娃：《反抗的意义和非意义》，林晓等译，吉林出版集团有限公司，2009。

4. ［法］朱莉娅·克里斯蒂娃：《中国妇女》，赵靓译，同济大学出版社，2010。

5. ［法］朱莉娅·克里斯蒂娃：《独自一个女人》，赵靓译，福建教育出版社，2015。

6. ［法］朱莉娅·克里斯蒂娃：《符号学：符义分析探索集》，史忠义等译，复旦大学出版社，2015。

7. ［法］朱莉娅·克里斯蒂娃：《语言，这个未知的世界》，马新民译，复旦大学出版社，2015。

8.［法］朱莉娅·克里斯蒂娃：《诗性语言的革命》，张颖、王小姣译，四川大学出版社，2016。

9.［法］朱莉娅·克里斯蒂娃：《恐怖的权力：论卑贱》，张新木译，商务印书馆，2018。

10.［法］朱莉娅·克里斯蒂娃：《思考之危境：克莉斯蒂娃访谈录》，吴锡德译，麦田出版社，2005。

11.［法］朱莉娅·克里斯蒂娃：《克里斯蒂娃自选集》，赵英晖译，复旦大学出版社，2015。

12.［法］朱莉娅·克里斯蒂娃：《主体·互文·精神分析：克里斯蒂娃复旦大学演讲集》，祝克懿、黄蓓编译，三联书店，2016。

其他中文译著及著作：

13.［美］阿兰·布鲁姆：《爱的阶梯：柏拉图的〈会饮〉》，秦露译，华夏出版社，2017。

14.［法］埃米尔·本维尼斯特：《普通语言学问题（选译本）》，王东亮等译，生活·读书·新知三联书店，2008。

15.［英］埃丝特尔·巴雷特编：《克里斯蒂娃眼中的艺术》，关祎译，重庆大学出版社，2020。

16.［法］保罗·利科：《活的隐喻》，汪堂家译，上海译文出版社，2016。

17.［英］布莱恩·特纳编：《社会理论指南》（第 2 版），李康译，上海人民出版社，2003。

18.［古希腊］柏拉图：《蒂迈欧篇》，谢文郁译，上海人民出版社，2005。

19.［加］查尔斯·泰勒：《世俗时代》，张容南等译，上海三联书店，2016。

20.［美］戴维斯：《哲学之诗：亚里士多德〈诗学〉解诂》，陈明珠译，华夏出版社，2012。

21.［法］蒂费纳·萨莫瓦约：《互文性研究》，邵炜译，天津人民出版社，2003。

22.［英］狄伦·伊凡斯：《拉冈精神分析辞汇》，刘纪蕙等译，巨流图书公司，2009。

23.［法］高盖：《话语符号学》，王东亮编译，北京大学出版社，1997。

24.［法］弗朗索瓦·多斯：《结构主义史》，季广茂译，金城出版社，2012年。

25.［法］弗朗索瓦·多斯：《解构主义史》，季广茂译，金城出版社，2012。

26.［阿根廷］豪·路·博尔赫斯：《博尔赫斯全集散文卷（上卷）》，王永年等译，浙江文艺出版社，1999。

27.［意］吉奥乔·阿甘本：《无目的的手段》，赵文译，河南大学出版社，2015。

28.［意］吉奥乔·阿甘本：《神圣人 至高权力与赤裸生命》，吴冠军译，中央编译出版社，2016。

29.［意］吉奥乔·阿甘本：《幼年与历史–经验的毁灭》，尹星译，河南大学出版社，2011。

30.［法］路易-让·卡尔韦：《结构与符——罗兰·巴尔特传》，车槿山译，北京大学出版社，1994。

31.［法］罗兰·巴特：《符号学历险》，李幼蒸译，中国人民大学出版社，2008。

32.［法］罗兰·巴特：《罗兰·巴特自述》，怀宇译，百花文艺出版社，2001。

33. ［法］罗兰·巴特：《S/Z》，屠友祥译，上海人民出版社，2012。

34. ［法］罗兰·巴尔特：《符号学原理——结构主义理论文选》，李幼蒸译，三联书店，1988。

35. ［美］劳伦斯·普林西比：《炼金术的秘密》，张卜天译，商务印书馆，2018。

36. ［美］玛莎·C. 纳斯鲍姆：《善的脆弱性：古希腊悲剧与哲学中的运气与伦理》，徐向东、陆猛译，译林出版社，2018。

37. ［美］迈可·潘恩：《阅读理论：拉康、德希达与克丽丝蒂娃导读》，李奭学译，书林出版有限公司，2005。

38. ［苏联］米歇尔·巴赫金：《巴赫金全集（第5卷）》，钱中文主编，白春仁、顾亚铃译，河北教育出版社，1998。

39. ［斯洛文尼亚］斯拉沃热·齐泽克：《意识形态的崇高客体》，季广茂译，中央编译出版社，2014。

40. ［美］乔纳森·克拉里：《知觉的悬置：注意力、景观与现代文化》，沈语冰、贺玉高译，江苏美术出版社，2017。

41. ［法］乔治·巴塔耶：《色情》，张璐译，南京大学出版社，2019。

42. ［美］史蒂夫·Z·莱文：《拉康眼中的艺术》，郭立秋译，重庆大学出版社，2016。

43. ［挪］陶丽·莫依：《性与文本的政治—女权主义文学理论》，林建法、赵拓译，时代文艺出版社，1992。

44. ［法］维特根斯坦：《逻辑哲学论》，陈启伟译，河北教育出版社，2003。

45. ［日］西川直子：《克里斯托娃——多元逻辑》，王青、陈虎译，河北教育出版社，2002。

46. ［英］肖恩·霍默：《导读拉康》，李新雨译，重庆大学出版社，2014。

47.［法］雅克·拉康：《拉康选集》，储孝泉译，上海三联书店，2001。

48.［法］雅克·朗西埃：《审美无意识》，蓝江译，南京大学出版社，2020。

49.［法］雅克·拉康：《拉康选集》，储孝泉译，上海三联书店，2001。

50. 崔柯：《克里斯特娃文本理论研究》，中国文联出版社，2016。

51. 杜超：《拉康精神分析学的能指问题》，中国书籍出版社，2020。

52. 罗婷：《克里斯特瓦的诗学研究》，中国社会科学出版社，2004。

53. 高宣扬编：《法兰西思想评论（第4卷）》，同济大学出版社，2009。

54. 李幼蒸：《理论符号学导论》，社会科学文献出版社，1999。

55. 钱林森：《和而不同——中法文化对话集》，南京大学出版社，2009。

56. 孙秀丽：《克里斯蒂娃解析符号学研究》，黑龙江大学出版社，2016。

57. 王瑾：《互文性》，广西师范大学出版社，2005。

58. 汪民安：《身体、空间和后现代性》，江苏人民出版社，2006。

59. 汪民安、陈永国、马海良主编：《后现代性的哲学话语：从福柯到萨义德》，浙江人民出版社，2000。

60. 严泽胜：《穿越"我思"的幻象：拉康主体性理论及其当代效应》，东方出版社，2007。

61. 张京媛主编：《当代女性主义文学批评》，北京大学出版社，1995。

62. 周启超、王加兴主编：《欧美学者论巴赫金》，南京大学出版社，2014。

中文论文：

1. 陈伟：《阿伦特与西方政治哲学传统之超越》，《党政研究》2015年第1期。

2. 黄竑：《论"中国经验"的祛魅写作——以波伏瓦、克里斯蒂娃为例》，《当代外国文学》2015年第2期。

3. 居飞：《无意识：局部或者整体？——精神分析的认识论》，《哲学动态》2015年第2期。

4. 刘斐：《三十余年来互文性理论在中国的传播与发展》，《当代修辞学》2013年第5期。

5. 罗昔明：《克里斯蒂娃的反现代性路径及其中国资源》，《青海师范大学学报（哲学社会科学版）》2016年第3期。

6. 秦海鹰：《互文性理论的缘起与流变》，《外国文学评论》2004年第3期。

7. 史忠义：《符号学的得与失——从文本理论谈起》，《湖北大学学报（哲学社会科学版）》2014年第4期。

8. 童明：《西方文论关键词：互文性》，《外国文学》2015年第3期。

9. 屠友祥：《"可写的"与"能引人写作的"及其他》，《文艺理论研究》2015年第6期。

10. 屠友祥：《空无性与关系性：语言符号的根本特性——索绪尔〈杂记〉发微》，《外语学刊》2013年第4期。

11. 王国强：《近代华人天主教徒的西文著作及其影响——以〈汉学丛书〉为例》，《世界宗教研究》2016年第6期。

12. 徐赳赳、毛浩然：《克里斯蒂娃的语言观》，《当代修辞学》2020年第4期。

13. 杨春强：《拉康的主体拓扑学简介——兼论现象学的拓扑学转

向》，《南京大学第二届"现象学与精神分析专题研讨会"论文集》2016年12月。

14. 殷祯岑、祝克懿：《克里斯蒂娃学术思想的发展流变》，《福建师范大学学报（哲学社会科学版）》2015年第4期。

15. 张东荪：《思想言语与文化（节选）》，《当代修辞学》2013年第5期。

16. 张虹倩：《克里斯蒂娃〈中国妇女〉考——兼论中国元素对克里斯蒂娃学术思想的影响》，《福建师范大学学报（哲学社会科学版）》2015年第4期。

17. 祝克懿：《互文性理论的多声构成：〈武士〉、张东荪、巴赫金与本维尼斯特、弗洛伊德》，《当代修辞学》2013年第5期。

18. 张颖：《汉字与"互文性"——克里斯蒂娃后结构主义理论的中国维度》，《天津社会科学》2019年第2期。

19. 张颖：《探寻"另一种逻辑"：论克里斯蒂娃切入中国经验的路径》，《学术界》2017第6期。

20. 张颖：《论张东荪中国式逻辑对克里斯蒂娃性别差异观的影响》，《当代文坛》2017年第3期。

21. 张颖：《阅读中国：论克里斯蒂娃〈中国妇女〉的文本张力》，《上海大学学报（社会科学版）》2016第2期。

22. 张颖：《符号系统的主体与他者：论本维尼斯特对克里斯蒂娃的影响》，《华中师范大学学报（人文社会科学版）》2014年第6期。

23. 周可可、刘怀玉：《从诗学革命到女性政治——西方学界关于克里斯蒂娃思想研究评述》，《哲学动态》2007年第2期。

24. 张屏锦：《女人就是女人——克里斯蒂娃印象》，《作家》2009年第7期。

25. 张英、[法] 克里斯蒂娃：《"波伏瓦写女人的条件，我写女人的才华"——专访朱莉娅·克里斯蒂娃》，《南方周末》2009 年 3 月。

26.［法］朱莉娅·克里斯蒂娃、祝克懿：《多声部的人——与克里斯蒂娃的对话录》，黄蓓译，《中国社会科学报》2013 年 7 月 26 日（B01版）。

27. 张智庭、张颖：《法国符号学面面观》，《符号与传媒》2016 年第2 期。

28.［斯洛文尼亚］波拉·祖藩茨·艾埃塞莫维茨：《符号与象征的辩证空间——朱莉娅·克里斯蒂娃美学思想简论》，金惠敏译，《南阳师范学院学报》2004 年第 4 期。

后　记

　　我时常自嘲是个有学问的人，因为我博士读了近八年。然学问没多少，八年的时光却一晃而过。回想起这八年，真是百感交集，各种滋味一齐涌上心头……

　　但不管怎样，今天，终于得见给近八年的博士生涯画上一个句号的曙光。心酸之余，最想表达的就是感谢。

　　首先要感谢的是我的导师屠友祥先生。我对屠先生一直充满着感佩，感谢他当年收留了我这个资质平平的学生。屠先生学识渊博，治学严谨，生活超然，这一切都将会影响我的一生。这八年里，虽没有太多机会在课堂上聆听先生教诲，但，同事、同门每每谈起先生，都公认他是一位真正的学者。在论文的写作过程中，从课题选择，到论文修改，直至终稿的完成，屠先生都给予了我悉心的指导。在此，真诚地向屠先生的付出表示衷心的感谢。

　　博士论文的完成，同样离不开山东大学文艺美学研究中心给予我的学术滋养，中心的各位老师，如曾繁仁教授、谭好哲教授、程相占教授、凌晨光教授、王汶成教授等，他们的课堂亦让我获益良多。谨借此机会向各位老师表示由衷的敬意和深深的感谢。

　　另外还要感谢的是我博士期间的每一位同学。和每一位优秀的学子成为同窗是我莫大的荣幸。感谢他们在我论文写作过程中给我的学业上及心理上提供的各种帮助。在此，尤其要感谢我的师妹杜超和师弟陈云昊，这两位年轻的学者理论根基深厚，又有着炙热的学术热情，他们在我论文的写作过程中，给予了我具体而珍贵的指导和帮助。

这些年最亏欠的是我的儿子和爱人。我因为写论文的缘故，很多时候不仅不能轻松地陪在他们身边，并且还时常把焦虑的情绪传递给他们。今天，我要向他们说声抱歉，也深深感谢他们的无条件支持，没有他们就没有本论文的完成。如今，我的儿子已经上了初中，唯有我尽快博士毕业，方能轻松在侧，温柔相伴。

这将是我近八年博士生涯的句号，但我希望它只是我学术生涯的一个逗号。未来路漫漫，我仍需要不断努力……